티 트렌디 브랜드 시리즈

T2 티투

The book

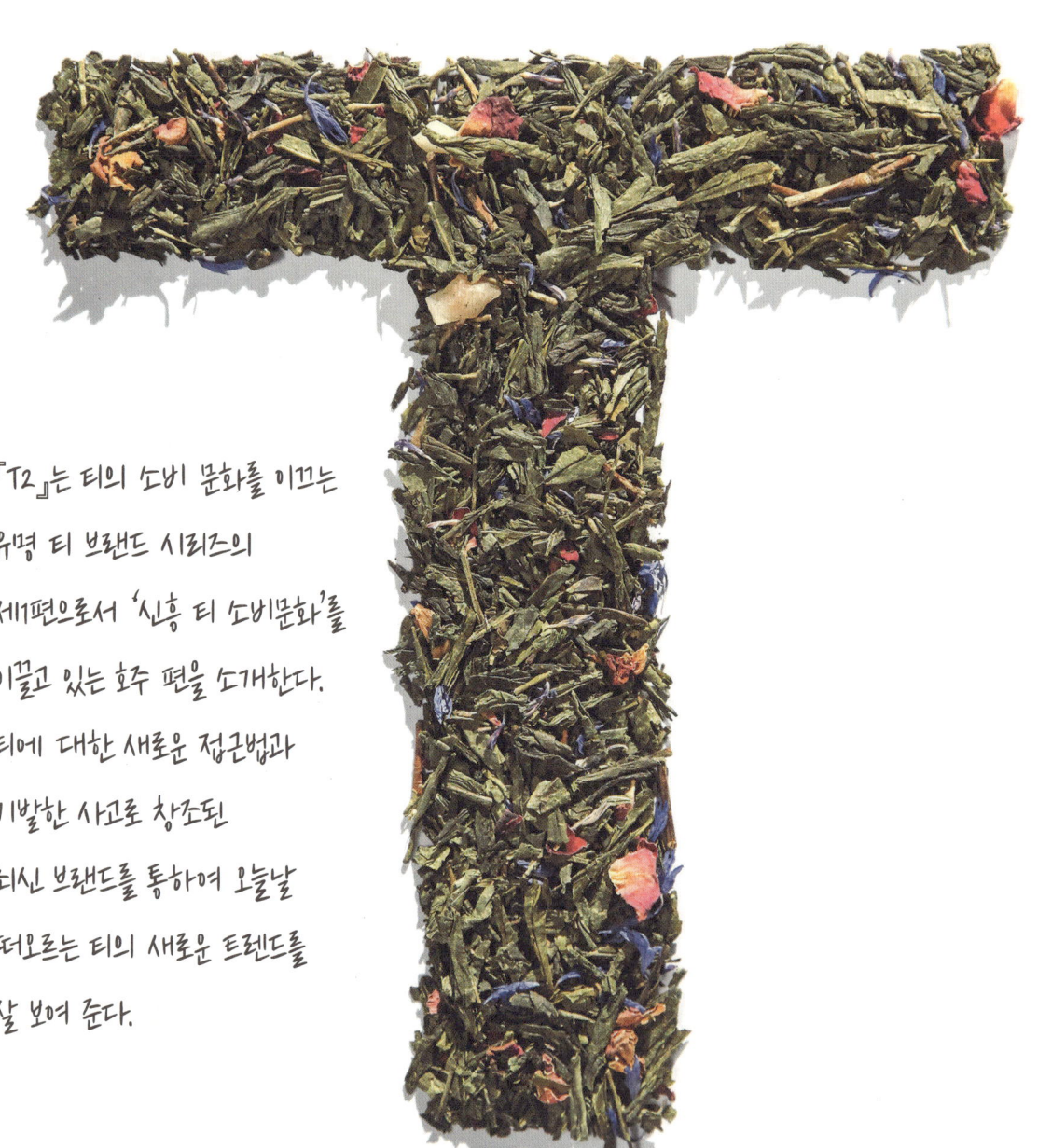

『T2』는 티의 소비 문화를 이끄는 유명 티 브랜드 시리즈의 제1편으로서 '신흥 티 소비문화'를 이끌고 있는 호주 편을 소개한다. 티에 대한 새로운 접근법과 기발한 사고로 창조된 최신 브랜드를 통하여 오늘날 떠오르는 티의 새로운 트렌드를 잘 보여 준다.

티의 소비문화를 이끄는
유명 티 브랜드 시리즈 ①
_ 호주 편(신흥 티 소비문화)

티투
The book

매리언 시어러 지음 / 감수자 정승호
(T2 창립자)

한국티소믈리에연구원

한 잔의 티는
바쁜 하루 중
잠깐의 휴식!

PART 2
티와 생활, 그리고 건강 77

PART 1
티의 가공 12

들어가는 말 1

PART 3
티 푸드 107

PART 4
티와 공감 130

PART 5
T2 이야기 153

색인 192

T2 이야기를 이렇게 책으로 엮은 것은 우리가 티를 어떻게 달리 취급하며, 또한 그렇게 하여 T2를 독특하게 만드는 것이 과연 무엇인지에 대하여 소개하기 위한 것이다.

T2의 이야기란 정열, 재발명, 그리고 창조력으로 규칙을 파괴하는 과정에 대한 소개이다. 이 책은 하나의 브랜드나 기업을 어떻게 일으키느냐에 대하여 소개한 것이 결코 아니다. 오히려 세상에서 가장 오래된 음료의 하나를 새롭고 활기찬 것으로 만들어 전 세계에 새로운 세대의 티 애호가들이 등장하도록 하는 내용이다.

우리는 T2의 정수를 통해 티를 즐기는 방법에 대해 여러분들을 안내할 것이다. 날마다 다양한 방식으로……. 한 모금씩 마실 때마다 즐기기를!

— 매리앤 시어러(Maryanne shearer) / T2 창립자 —

■ 한국티소믈리에연구원

글로벌 시대에 맞는
티 전문가의 양성을 책임지는
한국 최고의 티 교육 기관.

오늘날 티 시장에서는 해마다 소비 트렌드에 큰 변화가 일고 있습니다. 특히 올해에는 소비 부문에서 '커피를 즐기는 사람도 티로써 건강을 추구하기 위해 온라인으로 고품질의 티를 쇼핑해 일반 가정에서도 친환경 포장재에 담긴 프리미엄 티를 즐기는 등의 소비문화가 주요 트렌드였다'는 소식이 세계적인 티 온라인 매체인 <월드티뉴스(World Tea News)>에 소개되기도 하였습니다.

이러한 신흥 소비 트렌드는 앞으로도 계속될 것으로 전망되는 가운데, 티의 세계도 이제는 소비자들의 건강 효능, 웰니스, 친환경, 감성 디자인을 중심으로 재편되고 있어 그에 발맞춘 새로운 티 브랜드들도 속속 등장할 것으로 보입니다.

이러한 가운데 한국티소믈리에연구원에서는 '신흥 티 소비문화를 이끄는 유명 티 브랜드 시리즈 ①, 호주 편'으로서 『T2_티투 the book』을 출간합니다.

이 책은 패션 디자이너였던 저자가 소비자들의 신흥 티 소비문화에 주목해 '호주의 대표 티 브랜드'이자, 세계적인 티 브랜드인 'T2'를 창립하기까지의 흥미로운 이야기들과 함께, 티의 가공에 대한 기본 지식, 티의 포장에 패션 디자인을 입히고 창의적인 접근으로 재발명해 생활 건강에 접목하는 다양한 방법들, 또한 현재 새롭게 급부상하는 웰니스 트렌드로서 다양하게 조리되는 티 푸드의 레시피 등을 소개해 티 소비의 새로운 관점을 제시하고 있습니다.

『T2_티투 the book』은 이제 티는 단순히 하나의 음료를 선택하는 문제가 아니라 건강, 웰니스, 친환경, 감성, 지속가능성 등 그 이상을 추구하는 소비문화라는 사실로 여러분들에게 신선한 충격을 가져다줄 것으로 기대합니다.

— 정승호 박사 / 사단법인 한국티협회 회장 / 한국티소믈리에연구원 원장 —

들어가는 말

초기의 나날

성장기에 내가 좋아하였던 것은 상상력과 두 손을 사용하여 무엇인가를 만드는 일이었다. 그것이 패션에 대한 열정으로 바뀌었기 때문에 디자이너가 되거나, 적어도 어떤 식으로든 패션산업에 종사하게 되기를 항상 꿈꾸었다.

내 창의성은 할아버지와 아버지 두 분으로부터 물려받은 것이었다. 내가 몇 시간 동안이나 자리에서 꼼짝하지도 않고 할아버지가 데생을 한 뒤 물감을 칠하는 것을 지켜보았던 일이 아직도 기억에 생생하다. 그리고 항상 예쁜 것에 마음이 설레고 매우 흥미를 느꼈다. 어머니는 항상 오랜 시간 동안 아주 열심히 일하였다. 내 직업의식은 분명히 어머니로부터 물려받은 것이 분명하다.

나는 의류유통업체인 체리레인(Cherry Lane)에서 '비주얼 머천다이징(visual merchandizing)'의 업무로 사회생활을 시작하였다. 가게에서 상품들을 최적으로 진열하고 그것들의 특징을 잘 돋보이도록 하는 작업인 비주얼 머천다이징은 내게 딱 들어맞는 일이었다. 당시 나는 고객에게 극적인 효과를 주는 방법들을 배웠으며, 지금도 그러는 것을 좋아한다. 체리레인에서 약 3년을 보낸 뒤 구매와 스타일링 작업을 맡으면서 유통업에 매우 친숙해졌.

그 뒤 호주의 남녀 기성복 패션유통업체인 재그(JAG)로 옮겨 2년을 근무한 뒤 유통업체들에 비주얼 머천다이징을 서비스하면서 점포를 꾸미는 제품들의 공급업체에 들어갔다. 그 업체에서는 패션 컨설턴트로서 의류유통업체의 고객들을 상대하였는데, 이때 매우 다양한 유통업체들과 함께 일하는 것이 너무도 재미있었던 나머지 무려 8년이나 근무하였다.

창업

내가 T2의 공동 창업자인 잰 오코너(Jan O'Connor)를 만난 것도 바로 그 당시의 일을 통해서였다. 우리에게는 공통점이 많았기 때문에 함께 사업을 시작하기로 의기투합하였다. 원래 가정용품 업체를 차리는 것이 목적이었기 때문에 1995년 콘텐츠홈웨어(Contents Homeware)라는 업체를 설립하였다.

이어 상품 구매 차 세계 일주 여행을 떠났다가, 뉴욕에 머무는 동안 티를 기반으로 하는 '워터 리프(Water Leaf)'라는 멋진 제품을 우연히 접하였다. 그리고 유럽에서는 전혀 의도하지

들어가는 말

않은 채 모두 티와 관련이 있는 수많은 가정용품들을 구입하였다. 당시에는 알아차리지 못했지만, 이것이 우리가 티 사업을 시작하게 된 믿기지 않는 여정의 첫 출발이었다.

어느 날, 잰과 나는 새로 개점하는 커피숍은 많은데 찻집은 전혀 없다는 사실에 대하여 이야기를 나누다가 갑자기 서로를 쳐다보았다. 사업 종목이 바로 '티(Tea)'로 결정되는 순간이었다. 그 누구도 티를 취급하지 않은 것이다! 우리 두 사람의 눈이 빛났다. 티를 좋아하는 두 사람이라는 'Tea Two'는 약간 식상하다는 느낌이 들었던 탓에 'Tea Too'로 적었다. 얼마 뒤 'Tea Too'도 'T2'로 바꾸었다. 그러자 적기도 빨라지고 보기에도 더 좋았다.

우리는 멜버른에서 가장 인기가 높다고 생각된 교외의 피츠로이(Fitzroy)로 향하였다. 그곳이 점포를 내기에 딱 좋은 곳이라 생각하였기 때문인데, 곧이어 멋진 장소를 찾아냈다. 그 뒤 잰과 나는 새로운 티 유통업에 대하여 기획한 뒤 조직을 구축하는 작업에 착수하였다.

사진들은 우리가 초기에 우연히 생각해냈던 '비주얼 머천다이징'의 방식을 보여 준다. 오른쪽 페이지의 사진은 지금의 새로운 모습이다. 고객들이 다양한 제품들을 돌아보는 데 질서감이 있도록 배치하였다.

당시 우리는 잰의 집에서 그 작업을 진행하고 있었다. 매일 아침마다 만나서 진행 과정을 서로 협의하였다. 그 뒤 사람들에게 사업에 자금을 대 줄 것으로 설득하였지만 결국 실패하였다. 우리가 도움을 청한 사람들은 모두 고개를 절레절레 흔들 뿐이었다. 하지만 잰과 나는 우리가 하는 일에 확신을 가졌기 때문에 그동안 저축해 둔 자금을 모조리 쏟아부었다. 그런데 사업 자금이 너무도 작아 끙끙거리면서 가족이나 친구들에게 첫 점포를 열 수 있도록 도와 달라고 요청하였다.

애초부터 '비주얼 머천다이징'이 가장 중요한 포인트였기에 티에 대한 매우 감각적인 경험을 고객에게 전하기로 작정하였다. 우선 우리가 원하는 극적인 분위기를 점포에 연출할 수 있도록 상징적인 색으로서 검은색을 선정하였다. 그리고 점포에서 동양적인 느낌이 물씬 풍기기를 바랐다. 이는 중국이 티의 역사에서 맡았던 중요한 역할에 대해 바치는 일종의 경의였다. 그래서 한자로 인쇄된 낡은 신문지들을 사용하여 왠지 어수룩한 느낌으로 점포의 내벽을 도배하였다. 그 뒤 여러 해에 걸쳐 검은색의 실내 벽과 진열장, 벽에 발라진 한자 신문지, 그리고 주위와 대비되는 화사한 색채를 통해 T2 점포들은 점차 특징적인 모습을 확립하였다.

검은색은 지금도 회사 문화의 일부로 남아 있다. T2 회사에서는 모두 검은색 옷차림을 하고 있으며, 이는 직원들 모두를 더욱더 결속시킨다.

다시 초창기로 거슬러 올라가 우리가 가장 먼저 착수하였던 일은 신뢰할 만한 티 공급업체를 찾아내는 것이었다. 티 수입업체인 HA 베넷 앤드 선스(Bennett & Sons)의 빌 베넷(Bill Bennett)은 우리에게 단순한 공급업체 이상으로 많은 것들을 제공해 주었다. 우리의 멘토가 되어 끊임없이 충고와 격려를 아끼지 않았던 것이다. 또 우리를 티의 세계—티의 역사, 티의 정치, 티의 로맨스—로 인도하였다. 우리는 티에는 단순히 슈퍼마켓 진열장 위의 찻잎 상자라는 것보다 훨씬 더 많은 의미가 간직되어 있음을 깨닫기 시작하였고, 빌과 만났다가 헤어질 때면 항상 여러 가지의 아이디어가 떠오르면서 새로운 흥분에 휩싸였다.

우리의 주요 목표는 열정과 극적인 효과를 창출할 수 있도록 점포의 환경을 조성하는 일이었다. 그러한 측면에서 점포가 단지 좋게 보일 뿐만 아니라 좋은 냄새와 향기도 은은히 풍기기를 진정으로 바랐다. 그래서 다양한 종류의 찻잎들을 전시하였다. 고객들이 얼마나 다양한 차들이 있는지 스스로 알아차리고 구입하는 것이 중요하다고 느꼈기 때문이다.

당시까지는 샘플 티를 제공하거나 맛을 볼 수 있도록 시음해 볼 것을 직접 고객에게 권하는 상점은 매우 드물었기 때문에, 바로 그렇게 하는 것이 점포를 차별화시키는 하나의 큰 요인이 되었다. 시음은 감각적인 경험을 완벽히 돕는 일이었고, 대개 시음 행사에 내는 티가 가장 많이 팔린다는 사실도 발견하였다. 많은 시간 동안 고객과 함께 마시면서 담소를 나누는 가운데 우리는 나날이 티에 대해 점점 더 많은 것을 배워 나갔다. 이 같은 교육 효과 덕분에 우리는 물론 고객들도 차츰 티의 품평에 대한 안목을 갖게 되었다. 우리는 처음에 빌로부터 5kg짜리 자루로 다양한 종류의 티를 구입하였고, 1996년에는 재밌고 참신하게 여겨진 테이크아웃용 국수 상자(noddle box)를 포장 용기로 사용하였다. 모든 포장 용기나 티백에는 브랜드명인 'Tea Too Tea'가 새겨진 스탬프를 직접 손으로 찍었다. 'Tea Too'의 아이디어를 처음 떠올리고 나서 1996년 7월 1일에 멜버른 피츠로이의 브런즈윅 스트리트(Brunswick Street)에 1호점을 내기까지는 불과 석 달밖에 걸리지 않았다.

피츠로이에 1호점

개업 전날 밤 선 채로 의기양양하게 점포를 둘러보면서 아주 멋있게 보인다고 생각하였던 일이 기억에 새롭다. 우리는 티백 하나를 찢은 뒤 진열된 찻잔들 위로 찻잎을 뿌렸다. 이렇게 찻잎을 뿌렸던 행사는 그 뒤 여러 해 동안 쇼윈도에 노력을 기울이게 된 일종의 테이프 커팅식이었던 셈이다. 그리고 많은 고객들이 티를 선물용으로 구입할 것이라 생각하였기 때문에, 벽을 바르고 남은 한자 신문지를 잘라 포장 용기인 국수 상자들을 쌌다. 18년이 지난 지금도 아직 포장에는 한자 신문지의 콘셉트가 적용되고 있다. 국수 상자는 6, 7년 전에 오렌지색 마분지 상자로 대체되었다. 이것은 오렌지색 쇼핑백과 함께 T2의 가장 중요한 상징이 되었다.

개업 첫날 우리는 판매용으로 40종(오늘날에는 200종이 넘는다)의 티를 구비하였는데, 당시 점포 인원이라고는 잰과 나뿐이었다. 어머니 두 분은 우리를 도와주느라고 뒤쪽에서 티를 포장하였다. 매출액은 420달러로서 임금이나 임대료를 충당하기에 턱없이 부족하였지만 우리는 대비가 되어 있었다. 고객들은 첫날부터 우리의 콘셉트를 좋아하였다. 그렇다고 해서 사업이 상업적으로 성공을 거두었다는 의미는 아니다. 사실 흑자로 돌아서는 데에는 몇 년이

초창기 점포에서는 동양의 중국적인 분위기가 물씬 풍겼다. 이는 티의 역사에서 종주국으로서 중국의 역할에 대하여 경의를 표현한 것이었다. 앞 페이지의 사진에서는 초창기에 일하였던 직원들의 모습도 보인다. 제일 위쪽은 본디(Bondi)점을 개장할 때이고, 그 아래쪽은 크리스마스 파티 때의 모습이다.

걸렸지만, 브랜드는 피츠로이에서 개점한 첫날부터 열풍이 일었다.

초기의 나날은 티를 많이 팔수록 밤에 진열장을 점점 더 많이 채워야 하였고, 또 더 많은 티를 포장하는 일이 계속되었다. 우리는 낮에는 고객들과 우리 자신을 위하여 티를 끓였고, 밤이 되면 티를 포장하면서 다음 날을 준비하였다.

사업의 규모가 커지면서 자신감도 커졌기 때문에 브런즈윅 스트리트에서 1호점을 열고 1년 뒤에 피츠로이 스트리트에 2호점 '세인트킬다(St. Kilda)'를 개점하였다. 그런데 2호점은 성공을 거두지 못하였다. 점포는 완벽하였음에도 고객들의 발길이 많지 않았던 것이다. 유통업에서는 정말 목이 무엇보다 중요하다는 값진 교훈을 얻었다.

채드스톤 점포

세인트킬다의 실패를 경험한 뒤 한동안 피츠로이 1호점을 유지하는 것으로 만족하였다. 유급 직원들도 고용할 수 있게 되었으며, 또한 여러 레스토랑과 카페에도 우리 브랜드의 티를 공급하였다. 그리고 피츠로이 1호점 위층에 사무실까지 임차하였다. 그렇지만 1998년 호주에서 가장 큰 쇼핑센터인 채드스톤(Chadstone)에 점포를 열지 않겠느냐는 제의를 받았다. 그 쇼핑센터는 대규모로 사업을 확장하고 있었던 터였다. 그 매장 유치팀의 제의는 매우 설득력이 있었고 우리 사업도 높게 평가한 상황이었기 때문에 우리는 T2 점포가 그 확장 사업의 일환으로 크게 번창할 수 있으리라는 확신을 가졌다.

채드스톤점은 1999년 11월 개점하자마자 큰 인기를 얻었다. 사실 채드스톤점은 우리가 확보할 수 있는 물량보다 훨씬 더 많은 양의 티를 팔았다. 채드스톤점을 개점한 뒤 처음 맞이한 크리스마스 시즌에는 불티나게 팔려 두 점포 모두 재고가 바닥이 나 버렸다. 더 많은 제품을 입하하더라도 즉시 품절되었기 때문에 두 점포에는 텅 빈 진열장 앞에서 불만을 토로하는 고객들로 가득 찼고 점원들은 피로에 지쳐 파김치가 되었다.

또한 여러 신생 중소기업들과 마찬가지로 우리에게도 현금 유동성의 문제가 발생하였다. 채드스톤점과 같은 점포를 더 많이 개점하려면 더 많은 자금이 필요한 것이었다. 남편인 브루스 크롬(Bruce Crome)이 돕겠다고 나섰다. 그는 엔지니어로서 여러 해 동안 사업을 성공적으로 운영해 왔다. 이미 몇 해 전부터 사업 자금을 융통해 주었던 상황에서 이번에는 공식적으로 융자하면서 재무 회계까지 도와주었다.

15개월 만에 세 아이

급성장하는 사업을 운영하는 일과 함께 나는 사생활적인 면에서도 큰 변화를 겪었다. 2000년 3월 우리의 큰아이인 해나(Hannah)가 태어난 것이다. 나는 큰아이가 태어난 지 5주 만에 날마다 그 애를 데리고 사무실로 출근하였다. 안타깝게도 이 무렵 잰과의 동업 관계가 악화되기 시작하였다. 우리는 거의 4년 동안 함께하였지만, 비록 T2의 사업이 잘 되었음에도 불구하고 새로 시작한 사업의 난관들이 우리의 동업 관계를 악화시켰던 것이다.

채드스톤점이 날마다 엄청 바빴음에도 직원의 일손은 한정되었기 때문에 나머지는 모두 우리 두 사람의 몫이었다. 진열장의 재고를 확보하기 위해 어머니와 친구들도 적은 보수에도 개의치 않고 풀타임으로 일해 주었다. 한편 나는 해나를 낳은 지 5개월 만에 다시 임신하였다. 이번에는 쌍둥이였다!

들어가는 말

올리버(Oliver)와 해리(Harry)는 채드스톤점이 개점한 지 약 18개월 지난 2001년에 태어났다. 남편인 브루스가 사업을 그만두자 나는 그와 도우미에게 해나를 맡기고 올리버와 해리는 직접 데리고 사무실로 출근하였다. 어머니는 사무실에 나와서 힘닿는 대로 아이들을 정성껏 보살펴 주었다. 그럼에도 불구하고 격무에 시달리면서 귀여운 쌍둥이와 해나도 양육해야 하는 하루하루가 여간 힘든 일이 아니었다. 동업자인 잰과의 관계도 지속적으로 악화되면서 결국 동업 관계를 청산하였다.

우리의 가족사진. 앞쪽의 달리고 있는 해나는 물론 올리버와 해리도 나의 설명보다 카메라에 더 흥미를 느끼는 것 같다. 아이들을 보면서 웃는 사람은 남편인 브루스 크롬.

그래서 나보다 열두 살 아래로 융단 판매업에 종사하는 여동생 커스틴(Kirsten)에게 급히 연락하였다. 사업이 너무나 힘들어 T2에 들어와 같이 일할 것을 제안한 것이다. 커스틴은 업무를 시작한 첫 날부터 사업의 성격을 완전히 쇄신하였다. 여러 해 동안 사업의 성장과 새롭게 출시할 제품이나 품목 등에 관심이 매몰된 나머지 고객 서비스에 제대로 주의를 기울이지 못하였던 상황이었는데, 커스틴이 이때 고객 서비스 시스템을 도입한 것이다. 이로 인해 고객들로부터 큰 호응을 받았지만 이전보다 훨씬 더 바빠지는 또 다른 문제에 봉착하였다.

멜버른을 넘어

2001년 무렵에 T2는 시드니에도 점포를 낼 준비가 되었다. 커스틴과 나는 항공편으로 시드니로 가서 장소를 물색하였다. 곧이어 피츠로이를 연상시키는 시드니의 명소인 뉴타운(Newtown)에서 자그마한 점포를 찾아냈다. 시드니 1호점의 개점 준비가 착착 진행된 것이다.

이 시기에는 해외여행을 돌아다닐 처지가 못되었기 때문에 우리는 모든 가정용품과 대부분의 티를 호주에서 대행업체를 통해 구매하고 있었다. 몇 가지 티는 해외의 대행업체를 통해 구매하고 있었으며, 고객들은 잉글리시 브렉퍼스트(English Breakfast)와 같은 기본적인 홍차를 여전히 좋아하였다. 그들은 고객 서비스, 아름다운 티의 외양, 그리고 선물용 포장을 좋아하였다. 우리는 또한 직접 '티 블렌딩(tea blending)'도 진행하고 있었다. 고객들의 미각이 점점 모험과 도전을 추구하기 이르자, 고객들로부터 피드백을 받으면서 티 블렌딩에도 적극적으로 나섰다. 이는 티 품목을 다양화하려는 사업적인 결단에서 가장 핵심적인 부분이었다. 그만큼 고객들은 새로운 품목의 출시에 놀라워하면서 정말 즐거워하였다. 고객들은 이제 점포를 방문할 때마다 자신의 컬렉션에 추가할 새로운 품목의 블렌디드 티(blended tea)를 발견하는 데서 큰 기쁨을 맛볼 수 있었다.

그 뒤 몇 년 동안에 우리는 한 해에 대략 한 점포씩 늘려가면서 꾸준히 성장하였고, 2004년에 이르러서는 6개의 점포를 운영하기에 이르렀다. 그 다음에 티의 공급망에도 깊은 관심을 가졌다. 고객들은 새로운 티를 끊임없이 선보이는 데 매우 익숙해져 있었고, 우리는 패션에서와 꼭 마찬가지로 티와 같은 가정용품에도 계절에 따른 구매 사이클을 적용시켜 왔다. 이는 공급업체들을 상당히 열성적으로 육성해야 한다는 것을 의미하였다. 그런 차원에서 우리는 제품을 새롭게 발명하는 일을 도와 달라고 공급업체들에 요청하였다. T2의 전 직원들은 날마다 끔찍할 정도로 초과 근무를 하고 있었지만 고객들이 우리가 하는 일을 좋아하였기 때문에 더욱더 박차를 가할 수 있었다.

왼쪽 사진은 시드니 1호점인 뉴타운점, 오른쪽 사진은 2001년도에 개점할 당시의 여동생인 커스틴과 나.

재발명

고객들이 더욱더 다양한 품목의 티를 요구함에 따라 우리는 자체적으로 재발명에 나설 필요성을 절감하고 있었다. 우리의 일상적인 가정용품에서도 이미 차별화는 사라지고 있었다. 우리의 창의적인 몇몇 요소들은 이미 상실되기도 하였다.

그러한 가운데 여동생 커스틴은 점포들을 운영하면서 고객들의 체험 서비스를 도와주었고, 니컬러스 베킷(Nicholas Beckett)은 CFO로 채용되어 자신이 맡은 일을 진행하고 있었다. 내가 맡은 역할은 제품과 브랜드의 개발에 이어 점포의 부지를 선정하는 일이었다. 나는 지금도 그렇지만 부지의 선정이야말로 유통업체가 내리는 가장 중대한 결정의 하나라고 믿고 있었다.

재발명은 점포 내의 체험 서비스와 사업의 두 가지 측면에서 T2가 성공을 거둘 수 있었던

들어가는 말

결정적인 요인이었다. 2005년에 이르러서는 8개 점포에 55명의 직원이 근무하면서 440만 달러의 매출을 올리고 있었다. 이듬해에는 매출이 800만 달러로 전년의 거의 2배에 육박하였다. 번개와도 같은 속도로 성장을 거듭하고 있었던 것이다.

내가 사업을 성장시키고 브랜드를 유지하는 데 몰두하는 동안 커스틴과 니컬러스도 각자 맡은 분야에 열중하였다. 이 삼두체제는 남편인 브루스의 재정적인 지원을 기반으로 십수 년 만에 마법과도 같은 훌륭한 효과를 냈다.

우리는 호주의 모든 주와 뉴질랜드에서 점포를 계속하여 증설해 나갔다. 여기에 도매업도 브랜드를 성장시키는 중대한 전략의 한 요소가 되었는데, 특히 온라인상에서 판매가 급증하였기 때문이다.

2012년 우리는 T2를 인수하는 데 관심을 가진 다수의 대기업과 접촉하였다. 남편과 나는 회사를 매각하는 일을 진지하게 검토할 때가 되었는지도 모른다고 생각하였다. 거의 매일 국제적인 유통업체들로부터 그들의 지역으로 사업을 확장시킬 생각은 없느냐는 문의를 받고 있었다. 당시는 우리의 독특한 브랜드를 세계 각지에 소개하는 데 필요한 네트워크와 자금력을 갖춘 업체들과 제휴하는 일도 필요한 시기였다.

뉴욕 중심가 소호(Soho)에서 개점한 미국 1호점. 우리는 새로운 시장을 확보하기 위하여 '최상의 이미지'로 개점하는 일에 최우선적 가치를 두었다.

2013년 10월 세계적인 다국적 기업인 유닐레버(Unilever)가 T2 브랜드를 인수하였다. 실질적으로 세계 최대의 티 유통업체이기도 한 유닐레버는 우리의 사업을 지원하는 데에도 매우 호의적이었다. 이 책을 집필하던 2015년 초 무렵에 T2는 런던과 뉴욕의 점포들을 비롯해 68개의 매장을 열고 있었다. 직원의 수도 900명 이상이고, 우리가 운영하는 티협회 '로열티 프로그램(loyalty program)'(충성 고객들을 유지하기 위해 선물이나 인센티브를 전달하는 방법으로 특별히 고안된 프로그램)의 회원이 60만 명, 페이스북 팔로워도 7만 5000명이 넘고, 또한 인스타그램으로 3만 명이 우리와 교류하고 있다. T2의 주인이 바뀐 뒤 나는 크리에이티브 디렉터의 역할을 맡고 있다. 아직도 매일 T2 회사로 출근하여 티를 세상에 알리는 흥미롭고도 혁신적인 방법들을 제안하고 있다. ◼

T2 본사는 우리가 꾸민 '티의 신전'이다. 그곳은 사무실이라기보다 또 하나의 집처럼 아늑한 곳이다. 직원은 누구나 평온한 분위기 속에서, 또는 취향에 따라 창조적인 혼돈 속에서 자신이 가장 잘하는 것을 성취할 수 있다.

PART 1
티의

티는 만사를 순조롭게 만든다 …
티를 한 잔 마시고 있을 때면 만사형통!
- 커스틴 시어러

티는 경험하는 것이다. 그 냄새와 느낌과 맛을!
티는 사람들에게 삶의 온갖 다른 길을
함께 걷도록 해 주는 것이다.   - 스콧 유리시치

티란 무

티는
하루에서 잠깐의 체류!
- 히스 배릿

티는 내게
잠시 쉬었다가 한 모금 마신 뒤
다시 달려가도록 하는 시간이다.
- 제이미 아일랜드

티는 평화와 고요의 순간.
- 제시카 테이트

티는 찻잔 속 기쁨의 순간이자 추억으로
사랑하는 사람들과 공유하는 것
- 케이트 아일스

엇인가?

티는
'가족이나 친구들과 함께 모이는 것',
입안에 잠시 머무는 인생의 잔향,
티는 오후의 빛이자
아침의 찻주전자 덜그럭거리는 소리.
- 메러디스 오닐

다양한 형태로 찾아오는
소소한 행복,
미친 듯한 세상에서
잠시 멈추고
심호흡을 가다듬는 핑계.
- 닉 베킷

티란 무엇인가?

히말라야의 최고봉들로부터 사하라 사막에까지, 남극으로부터 에콰도르의 바닷가에까지 전 세계의 어디를 가든지 간에 '티를 드시겠느냐'는 권유를 받을 것이다.

티는 손님을 맞이하면서 내고, 식사의 끝을 알리는 신호이기도 하다. 추울 때는 몸을 따뜻하게 하고, 더울 때는 몸을 시원하게 한다. 티는 수천 년 동안 사람들이 마셔 왔기 때문에 그 자체의 역사와 관습이 있고, 또한 그 가치가 높아 이를 노리는 전쟁도 발발하였다.

한 잔의 와인과 같이 한 잔의 티에도 자체의 이야기가 있다. 티의 풍미는 차나무가 자란 토양, 계절의 강우와 일사량, 찻잎을 따는 방법, 그리고 찻주전자에서 우리는 여러 과정에 따라 달라진다. 이러한 요인들로 인하여 티는 각각의 잔마다 독특한 향미가 있는 것이다.

티의 종류는 수백 종에 달하지만 그 기반은 모두 똑같다. 모든 티는 동백나무속(*Camellia*) 차나뭇과 차나무의 잎으로 만들어진다. 동백나무속에는 약 200종의 나무가 있지만, 오직 카멜리아 시넨시스(*Camellia sinensis*) 1종만 티를 만드는 데 사용된다. 이 종의 차나무에는 다시 세 변종(이하 품종)이 있다. 시넨시스(*Camellia sinensis* var. *sinensis*), 아사미카 (*Camellia sinensis* var. *assamica*), 캄보디엔시스(*Camellia sinensis* var. *cambodiensis*)의 품종이다. 대부분의 티는 시넨시스 품종에서 유래한다. 이 품종은 추운 날씨와 건조한 날씨에 저항력이 강하기 때문에 고산 지대에서도 잘 자란다.

아사미카 품종(*C. s.* var. *assamica*)의 찻잎은 향이 적고 그 즙은 약간 검은데, 감칠맛이 약간 더 있다. 캄보디엔시스 품종(*C. s.* var. *cambodiensis*)은 티의 생산에 사용되는 경우가 드물지만, 가끔 육종을 위하여 다른 두 품종과 이종 교배되기도 한다.

1kg의 티를 만들기 위해서는 5kg의 싱싱한 찻잎, 또는 대략 1만 2000개의 새싹이 필요하다. 찻잎을 따는 사람들은 대부분 하루에 약 30~50kg을 수확한다.

찻잎을 따는 일은 매우 섬세한 작업이라, 손으로 딸 때는 거의 언제나 여성들에 의해 이루어진다. 남성들보다 손가락이 작기 때문이다. 타이밍도 매우 중요하다. 어린잎은 향미의 성분이 많지만 성숙한 찻잎보다 크기가 작다. 따라서 다원의 관리자들은 수확한 찻잎의 품질과 생산된 티의 양 사이에서 균형점을 항상 찾아야 한다. 한 해에서 첫 수확한 어린잎은 방향성 성분의 함유량이 가장 많기 때문에 최상급으로 분류된다. 예를 들면, 인도 히말라야 산자락의 다르질링 지역 다원에서 찻잎을 첫 수확해 생산한 '다르질링 퍼스트 플러시(Darjeeling First Flush)'는 티 애호가들도 탐내는 최상급의 홍차로서 훌륭한 와인과 마찬가지로 수집되고 있다.

티란 무엇인가?

　티 중에서도 오서독스(orthodox) 방식으로 생산된 홍차의 찻잎은 최종적으로 선별과 등급의 분류를 거친 뒤 특별한 명칭으로 불린다. 오서독스 방식의 홍차에는 그게 온전한 형태의 찻잎인 '홀 리프(whole leaf)'와 파쇄된 찻잎인 '브로큰 리프(broken leaf)'의 두 등급이 있다. 브로큰 리프 등급이라고 해서 반드시 품질이 나쁜 것은 아니다. 단지 다른 방식으로 가공되어 더 강한 향미의 홍차로 생산되는 것이다. 그밖에도 '패닝(fanning)', '더스트(dust)'의 등급도 있는데, 패닝은 브로큰 리프 등급보다 더 작고, 더스트는 거의 가루 형태의 찻잎이다. 이러한 등급들은 보통 티백에 넣어 판매된다.

　찻잎의 등급에서는 '오렌지 페코(orange pekoe)'라는 용어가 매우 자주 사용된다. 오렌지 페코란 찻잎을 늦은 수확기에 품질 면에서 '상급 채엽(fine picking)'의 방식으로 딴 것을 의미한다. 가장 훌륭한 채엽 방식은 '특상급 채엽(superfine picking)'으로서 새싹과 그 바로 아래의 찻잎, 즉 '일아일엽(一芽一葉)'의 방식을 가리킨다. 그 다음의 '상급 채엽(fine picking)'은 새싹과 그 아래의 두 찻잎, 즉 '일아이엽(一芽二葉)'의 채엽 방식을, '중급 채엽(medium picking)'은 새싹과 그 아래의 세 찻잎, 즉 '일아삼엽(一芽三葉)'의 채엽 방식을 가리킨다.

　'페코(pekoe)'는 하얗고 미세한 잔털을 뜻하는 '백호(白毫)'[báiháo]에서 유래한다. 따라서 페코는 섬세한 잔털로 뒤덮인 여린 새싹을 가리킨다. 그리고 '오렌지(orange)'는 색깔과는

전혀 관련이 없고, 네덜란드의 '오라녀-나사우(Oranje-Nassau)' 왕가 이름에서 유래한 것이다. 이 오렌지라는 용어는 아마도 네덜란드의 티 상인이 왕가의 후원을 과시하기 위해 처음 사용하였을 것이다.

아편 전쟁이냐, 티 전쟁이냐?

티 무역이 중국과 서방 국가들 간에 벌어진 아편 전쟁을 촉발시키는 매우 큰 요인이었기 때문에 일부 역사가들은 '아편 전쟁'을 '티 전쟁'으로 불러야 한다고 이야기한다.

1830년대 이전의 중국은 광저우(廣州) 단 하나의 항구만 서양의 상인들에게 개방하였다. 중국 정부에서는 은 본위의 대금 결제를 고수하였다. 이는 영국과 미국의 무역 경제에 큰 문제를 야기하였다. 양국은 중국으로부터 티, 도자기, 면화, 비단 등을 대규모로 수입하였지만 그 대금을 결제할 은이 없었기 때문이다. 그 대책을 강구하던 도중에 마침 중국인들이 깊은 관심을 보였지만 자국에서는 생산하지 못하였던 제품 하나를 찾아냈다. 바로 '아편'이었다.

영국의 무역업체들은 인도에서 아편을 구입하여 광저우로 보냈다. 1830년대 후반에 이르러 중국에서는 연간 3만 상자 이상을 수입하였다. 그런데 이 아편이 중국인과 중국 경제에 끼친 영향은 매우 심각하였다. 중국 전체 남성들 가운데 40세 이하의 약 90퍼센트에 이르는 사람들이 아편을 피우면서 사업의 운영이나 공무 수행이 거의 마비되었다.

1839년 중국 8대 황제인 도광제(道光帝, 1782~1850)는 흠차대신(欽差大臣)인 임칙서(林則徐, 1785~1850)를 광저우로 급파하여 문제를 파악하도록 지시하였다. 임칙서는 외국 상인 1600명을 긴급 체포하고 당시 발견하였던 수백만 달러어치의 아편을 압수하여 공개적으로 소각시켰다. 또한 광저우항에 대한 외국 상인들의 출입을 금지시켰다.

영국의 무역총감 찰스 엘리엇(Charles Elliott, 1801~1875)이 그 보복으로 주장강(珠江)을 봉쇄하자 장기간의 해전이 벌어지면서 1840년 마침내 '제1차 아편 전쟁'이 발발하였다.

영국 해군이 우세한 군사력으로 중국군을 압도하면서 1842년이 되자, 영국군은 광저우와 그 인근을 점령하였다. 중국은 전세가 기울자 난징조약(南京條約)을 체결하면서 홍콩을 영국에 할양하고 서방과의 무역을 위한 5개의 항구를 강제로 개항하면서 영국에 최혜국의 대우를 인정하였다. 또한 소각한 아편에 대하여 900만 달러의 배상금을 지불하였다. 이와 함께 중국 정부는 무역의 독점을 폐지하고 수출입 상품에 대한 관세를 제한하지 않을 수 없었다.

영국이 외교 및 군사력으로 계속하여 중국 정부에 더 많은 양보를 얻어 내려고 하자, 양국의 관계는 점점 더 나빠졌다. 1856년 중국의 관원들이 밀수와 해적질의 혐의를 받는 홍콩의 상선들에 승선하여 일부 선원들을 체포하자, 영국과 미국의 정부는 이에 대해 불만을 품었다. 양국에서는 이듬해 광저우에 군함을 파견하였으며, 여기에 프랑스와 러시아의 해군들도 가세하였다. 이리하여 1856년에 '제2차 아편 전쟁'이 일어났다.

또다시 서방 각국의 군대가 승리를 거두었고, 1860년 마침내 중국 정부는 베이징조약(北京條約)에 조인하였다. 이 조약에는 영국에 주룽(九龍) 항구를 할양하고, 고용된 중국인 노무자를 아메리카 대륙으로 이주시키는 것을 허용한다는 조항이 포함되어 있었다. 이 노무자들이 없었다면 미국과 캐나다의 철도가 완공될 수 없었으리라는 이야기도 있다.

보스턴 티 파티 사건

아메리카 대륙으로 이주한 영국인들은 티를 마시는 습관까지도 몰고 왔는데, 18세기가 되면 신분이 상승한 이민자들이 은제 주전자와 도자기 티 세트를 갖추고 티타임을 즐기기에 이른다. 그 뒤 전 인구의 3분의 1이 하루에 두 차례 티를 마실 정도로 확산된다.

1680년까지 티는 직물과 공산품 다음으로 수입량이 많은 물품이었다. 인도 내에서 프랑스와 전쟁을 끊임없이 벌였던 영국 정부는 재정이 궁핍해지자 아메리카 식민지의 사람들에게 세금을 부과하기로 결정하였다. 식민지의 주민들은 자신들이 선출한 대표도 없는 곳에서 굳이 영국 의회가 부과한 세금을 낼 필요가 없다고 생각하여 "대표 없는 곳에 세금 없다(No taxation without representation)!"는 조세 저항을 담은 구호를 외쳤다.

영국 의회는 그러한 저항에 한 발 물러나 대부분의 과세를 철폐하였지만, 티에 대한 과세만큼은 계속 유지하였다. 그리고 영국 정부는 마찰을 교묘히 회피하기 위하여 미국으로 티를 수출하는 독점권을 동인도회사에 넘겨주고 세율도 인하하였다. 이는 식민지에서 티를 저렴한 가격으로 얻을 수 있다는 것을 의미하였지만, 또 한편으로는 식민지 주민으로서는 영국 의회가 그들에게 부과하는 세금을 수용해야 하는 일이기도 하였다. 영국 정부는 아메리카 이민자들이 티를 계속 마실 수만 있다면 세금에 대한 그들의 저항도 수그러들 것으로 예상하였다.

그러나 아메리카의 주민들이 여기에서 물러서지 않았기 때문에 티를 운송하는 선박들도 필라델피아와 뉴욕에 입항하지 못하고 회항할 수밖에 없었다. 그리고 분노한 필라델피아의 시위자들은 심지어 "티에 노예의 씨가 들어 있다!"고까지 외쳤다.

1773년 12월 동인도회사의 선박 세 척이 보스턴 항구에 도착하자 수많은 사람들이 부두로 모여 그 선박들을 관세 부과 없이 그대로 떠나게 하기로 결정하였지만, 세관장이 이를 허가하지 않았다. 그러자 그날 밤 약 50명에 이르는 세 무리의 남성들이 미국 인디언 모호크족

티란 무엇인가?

(Mohawk)의 차림으로 선박에 잠입하여 티 상자 340개를 탈취하였다. 그리고 도끼로 티 상자를 부순 뒤 티와 상자를 모두 바닷물 속으로 내던져 버렸다. 이것이 바로 역사적으로 그 유명한 '보스턴 티 파티(Boston Tea Party)' 사건이다.

이 사건은 언론을 통해 전 세계로 보도되었으며, 영국 정부는 아무도 처벌하지 않고서는 결코 그냥 넘길 일이 아니라고 판단하였다. 이에 따른 보복 조치로 영국 정부는 보스턴항을 폐쇄하고 일련의 강제적인 법령을 발효시켰다. 이어 1775년에는 미국의 독립전쟁이 발발하였는데, 영국이 패전을 인정하고 미국의 독립을 승인하기까지는 무려 8년이라는 세월이 흘러야만 했다. 또다시 티가 전쟁을 일으켰지만, 이번의 경우에는 혁명으로 이어진 것이다. 그러나 미국인들이 티를 계속 마셔 온 것만큼은 변함없는 사실이다. ◼

PART 1. 티의 가공

T2의 세계

크렘 브륄레 (Crème Brûlée) 약간 프랑스풍?

그린 로즈 (Green Rose)

아이리시 브렉퍼스트 (Irish Breakfast)

저스트 라벤더 (Just Lavender) T2의 라벤더 원산지는 프랑스

노멀 티 (Normal Tea) 이 지역의 사람들이 주로마신다

예르바 마테 (Yerba Mate) 남아메리카에서 인기가 매우 높다

레드(Red) 루이보스(Rooibos)의 원산지는 아프리카

우리는 일종의 여행을 떠나게 해 주는 티를 만들고 싶어
전 세계를 돌아다니면서 수많은 장소들로부터 티의 근원을 찾았다.
우리의 세계관은 티에도 투영되어 이 페이지와 비슷해 보인다……
모두 티에 관한 것이다!

PART 1. 티의 가공

티의 다양한 가공 과정

티는 세계에서 물 다음으로 가장 많이 소비되는 음료이다. 전 세계적으로 날마다 1400톤의 찻잎으로 약 30억 잔의 티를 우려내 마시고 있다.

비록 영국의 홍차인 '잉글리시 브렉퍼스트'로부터 일본의 녹차인 '센차(煎茶, Sencha)'에 이르기까지 종류가 다른 수백여 종류의 티를 마시고 있지만, 모든 티는 모두 동일한 식물종의 차나무로부터 생산된다.

차나무는 전 세계의 열대 및 아열대 지방에서 재배되는 상록수이다. 찻잎은 화창한 대낮과 선선한 바람과 비가 많은 밤이 번갈아 되풀이되는 온난다습한 기후에서 자라면 짙은 풍미를 자아낸다. 자연스럽게 자라도록 내버려 두면 차나무는 높이 3미터에서 20미터까지 자랄 수 있지만, 티를 만들기 위해 보통 2미터 높이 미만으로 늘어뜨리거나 가지치기를 한다. 찻잎의 길이는 4~15센티미터, 너비는 2~3센티미터 정도이다.

차나무는 약 150년 정도 생산 수령을 유지할 수 있다. 전 세계의 유명한 다원에는 현재 수명이 다해 가는 차나무들이 많다. 따라서 다원의 관리자들은 꺾꽂이법으로 번식한 차나무들을 구입하여 시간을 절약하면서 묘목의 수를 보충해 나가고 있다. 그런데 이들은 안타깝게도 씨앗을 심어 재배한 차나무만큼 강인하지 못하다. 꺾꽂이법으로 번식한 차나무들은 수명이 대략 40년이며, 땅속 깊이 침투하지 못한 뿌리는 토양의 광물질을 흡수함으로써 토질을 비교적 빠르게 약화시킨다. 이 때문에 오늘날 수많은 재배자들이 씨앗을 심어 차나무를 재배하는 방식으로 되돌아가고 있다.

수확기에는 재배자들이 찻잎을 너무 많이 따지 않도록 주의를 기울인다. 그렇지 않을 경우에는 차나무의 건강에 무리가 갈 수 있기 때문이다. 찻잎을 딸 때는 새싹과 그 밑에 달린 셋째 찻잎까지만 딴다.

이렇게 딴 찻잎을 가공하는 방식에 따라서 티는 '홍차(紅茶, black tea)', '녹차(綠茶, green tea)', '백차(白茶, white tea)', '황차(黃茶, yellow tea)', '흑차(黑茶, dark tea)', '청차(靑茶, blue tea)'(우롱차 포함)의 여섯 부류로 나뉜다.

티의 향미는 찻잎이 거친 '산화효소(oxidase)'에 의한 산화 반응에 따라서 달라진다. 티 전문가들이 찻잎을 최종 상품인 티로 가공하는 일은 와인 양조 기술자들이 포도를 와인으로 만드는 일과 같다. 여기에는 오랜 경험적인 지식과 기술이 필요하다.

찻잎의 세포벽을 가공 과정에서 손상시키면 세포 내부에 든 단백질 조성체인 산화효소가 배어 나와 대기의 산소와 반응하면서 찻잎의 색상과 맛을 변화시킨다. 이것이 바로 찻잎이

왼쪽 페이지의 사진은 차나무에서 딴 크고 작은 찻잎들.

PART 1. 티의 가공

티의 다양한 가공 과정

산화되는 과정이다. 전문가들은 산화 과정을 통하여 우롱차, 홍차 등의 티들을 생산한다.

이러한 가공 방식은 차나무의 재배자들이 처음으로 갓 딴 찻잎을 끓인 물속에 넣기 시작하였던 수천 년 전부터 발견된 것이다. 그런데 갓 딴 신선한 찻잎은 빨리 상하였기 때문에 그 보존성을 높이기 위하여 햇볕에 건조시켰다. 이때 태양열이 찻잎에 산화 반응을 일으키고 특성을 변화시켜 마침내 티의 가공 방식이 최초로 탄생한 것이다.

이 같은 이유로 오늘날에는 신선한 찻잎을 수확하면 곧바로 가공 공장으로 운송한다. 심지어 운송 시간을 최대한 단축하기 위하여 다원 내에 가공 공장을 두는 경우도 많다.

티의 가공 과정

티는 여러 가공 과정을 거쳐 생산된다. 갓 딴 찻잎은 가장 먼저 '위조(萎凋, withering)' 과정을 통해 부드러워진다. 이 과정에서는 수분 함유량이 절반으로 줄어들어 시들면서 다음의 '유념(揉捻, rolling)' 과정에서 찻잎이 부서지지 않도록 해 준다. 이 위조 과정은 보통 홈통에 갓 딴 찻잎을 늘어놓은 뒤 측면에서 공기를 불어넣어 진행한다. 약 17시간 정도 걸리는 위조 과정이 끝나면 찻잎은 시들어서 오글쪼글한 모습이다.

그 다음은 찻잎을 비비고 휘말아 모양을 성형하는 유념 과정을 거친다. 이 과정에서는 찻잎 내의 세포벽이 파괴되면서 내부의 산화효소가 배어 나와 산화 과정이 진행됨과 동시에 방향성 성분인 '정유(精油)'가 나온다. 이 유념 및 성형 방식에는 크게 두 가지가 있다. 하나는 찻잎을 유념기 위에 올려놓고 롤러로 부드럽게 휘말고 비비는 '오서독스(orthodox) 방식'이고, 다른 하나는 기계로 찻잎을 '자르고(cut)', '찢고(tear)', '휘말기(curl)'의 'CTC 방식'이다.

오서독스 방식에서는 찻잎 더미를 구리제 통에 넣고 10~20분간 빽빽한 덩어리의 형태로 휘만다. 그런 다음 찻잎 덩어리에 서로 다른 수준의 압력을 가하여 정유를 방출시킨다. 이때 찻잎을 너무 과도하게 유념하면 찻잎의 색상이 지나치게 어두워지고, 너무 약하게 유념하면 찻잎이 건조하여 바삭거리면서 뜨거운 물에 우려도 향미가 매우 약하다.

다음으로는 뭉쳐지고 휘말린 찻잎을 기다란 매트 위에 올려놓고 크기와 상태에 따라서 분류한 뒤 산화 과정에 들어간다. 평균적으로 약 2시간에 걸쳐 지속될 수도 있는 이 산화 과정은 티의 전반적인 향미와 품질에 큰 영향을 준다. 이때 온도는 22도~28도로 엄격히 유지되고, 습도는 적어도 90% 이상이다. 이러한 조건을 일정하게 유지하는 것이 중요하다. 온도가 조금만 올라도 티에서 탄내가 나고, 조금만 낮아도 산화 과정이 중단되기 때문이다.

이러한 산화 조건을 일정하게 유지하면 찻잎에서 열이 나면서 온도가 점차 높아지다가 다시 낮아지면서 몇몇 화학 반응을 거친다. 티를 가공하는 작업은 매우 까다로워 고도로 숙련된 기술이 필요하다. 최상의 결과는 찻잎이 열을 내다가 갑자기 멈추면서 산화 반응도 중단되는 것이다. 이 과정에는 약 1~3시간이 걸린다. 가공 공장의 티 전문가들은 대부분이 찻잎의 산화 과정을 중단시키는 최상의 순간은 찻잎에서 사과 향이 나기 시작할 때라고 이야기한다.

산화 과정에서 매우 흥미로운 점은 이 과정에서 생성되는 갖가지의 향미에 대해서는 잘 알고 있지만, 과연 그것이 어떻게 생성되는지에 대해서는 잘 알지 못한다는 사실이다. 티 전문가들조차도 산화 과정에서는 찻잎의 세포 차원에서 반응이 일어난다는 사실은 이미 알고 있지만, 그 메커니즘에 대해서는 그다지 상세히 파악하고 있지 못하다는 점을 인정하고 있다.

티 가공의 마지막 과정은 찻잎을 건조시키는 것이다. 이 과정을 거치면 찻잎 내의 단백질

오른쪽 페이지의 손으로 가공된 티는 중국산이다. 중국에서는 찻잎을 손으로 돌돌 휘말아 자그마한 예술 작품처럼 만든다.

티의 다양한 가공 과정

조성체인 산화효소를 변성시켜 산화 반응이 중단된다. 찻잎이 일단 식으면 컨베이어벨트 위에 놓아 큰 기계 속으로 넣는다. 그 기계는 찻잎을 운반해 대형 건조기를 통과시킨다. 이 과정에서는 찻잎이 약 79도의 온도에 대략 20분 정도 노출된다. 물론 이때에도 타이밍이 중요하다. 건조 과정이 약하게 진행되면 찻잎에 곰팡이가 슬고, 과도하게 진행되면 티의 향미가 약해진다. 이렇게 건조 과정을 마치면 찻잎에서 수분의 함유량은 약 2~6%가 된다.

건조 과정이 끝나면 찻잎은 분류되어 등급을 받는다. 이 등급 분류의 과정은 다양한 크기의 체를 여러 겹으로 놓고 가장 위에 위치한 체에 찻잎을 붓는다. 여러 겹의 체들이 각각 진동하면 찻잎들이 크기에 따라 체의 구멍을 통과하여 아래로 떨어지면서 걸러진다. 이때 가장 큰 잎은 맨 위의 체에 남고 작은 잎일수록 아래쪽의 체까지 떨어져 분류되는 것이다.

차나무의 주요 재배지는?

차나무는 중국 원난성(雲南省)의 시솽반나(西雙版納) 지역에서 약 4000년 동안 야생으로 자라고 있다. 그러나 차나무의 재배는 4세기 초부터 중국에서 이루어진 것으로 기록되어 있다.

중국

중국에서는 주로 녹차를 생산한다. 중국 다원에서는 갓 딴 찻잎을 큰 솥뚜껑(팬)에 놓고 1분 이내로 덖어 산화효소의 기능을 죽인다. 이를 '살청(殺靑, heating)'-엄밀하게는 초청(炒靑)-이라고 한다. 이 살청 과정을 거치지 않으면 산화효소의 반응이 일어나 녹차의 맛과 향이 나빠진다. 그런 다음 손으로 비비거나 휘마는 '유념'과 '성형(成形, shaping)' 과정으로 작은 덩어리로 만든 뒤 약 10시간 정도 건조시킨다. 이때 '건조(乾燥, drying)' 과정에서 찻잎을 규칙적으로 뒤적거려 준다. 마지막으로 찻잎은 등급에 따라 둘둘 말려 분류된다.

주차(珠茶, gunpowder tea)는 지름이 1~3밀리미터의 작은 공 모양이며, 북아프리카와 아시아에서는 민트 티(mint tea)를 이 주차의 형태로 많이 생산한다. 중국 녹차인 '진미(珍眉, chun mee)'는 찻잎이 길이 1센티미터로 휘말린 형태이다. 일본 녹차인 '센차(煎茶, sencha)'는 찻잎을 휘말지 않고 통째로 사용해 온전한 형태이다. 맛차(抹茶, matcha)는 일본의 차 모임인 '차회(茶会)'에서 전통 다도인 '차노유(茶の湯)'를 거행할 때 사용하는 가루 녹차이다.

서양에서는 '인전(Yin Zhen)' 또는 '실버 니들스(Silver Needles)'라고도 하는 백차인 '은침(銀針)'은 중국의 푸젠성(福建省)에서 주로 생산된다. 과거에는 장갑을 낀 젊은 처녀들이 황금색의 가위를 사용해 차나무로부터 새싹과 찻잎들을 하나하나 따서 황금색의 바구니에 담았다고 한다. 오늘날에는 한 해에 단 이틀만 찻잎을 수확하는데, 만약 기후가 좋지 않으면 그 수확마저도 취소된다.

인도

인도에서는 티가 주로 북동부의 아삼(Assam)과 북부의 다르질링 지역에서 생산된다. 네팔과 부탄 사이에 자리를 잡은 고산 지대 다르질링의 다원들에서는 가장 귀하고 값진 홍차들이 생산된다. 다르질링 티(Darjeeling tea)의 다양한 맛과 향은 해발고도, 바람, 강우, 운무 등의 차이로 인한 것이며, 이들 조건은 또 계절에 따라서도 달라진다. 티 전문가들은 초봄에 수확되는 티인 '퍼스트 플러시(First Flush)'와, 초여름에 수확되는 티인 '세컨드 플러시(Second Flush)', 가을에 수확되는 티인 '오텀널 플러시(Autumnal Flush)'를 구별할 수 있다.

차는 세계에서 가장 아름답고 이국적인 곳에서 생산된다. 찻잎을 따서 손으로 비비고 휘마는 등의 가공 과정은 대부분 수작업으로 이루어지는데, 여기에는 상당한 기술이 필요하다.

티의 다양한 가공 과정

아삼의 기후는 무덥고 습기가 많아 '천연의 온실'이라 할 만하다. 이곳의 티는 엿기름과도 같은 강한 향미와 짙은 찻빛을 띠고 있어 아침에 마시기에는 제격이라고 알려져 있다.

스리랑카

한 해에 찻잎을 몇 차례나 수확할 수 있는 천혜의 기후를 보이며 한때 '실론(Ceylon)'이라 불렸던 이 섬나라에서는 세계에서 가장 유명한 몇몇 종류의 티들이 생산된다. 그럼에도 티 산업의 역사는 비교적 짧다. 1860년 이전만 하더라도 이 섬나라는 커피 농장들로 뒤덮여 있었다. 바로 그해에 제임스 테일러(James Taylor)라는 스코틀랜드인 커피 농장의 관리자가 차나무의 씨앗을 몇 개 얻어 재배를 시도하였다. 만약 1869년에 기생 균류의 내습이 없었더라면 이러한 시도는 괴상한 취미쯤으로 역사에 남았을 것이다. 그러나 커피나무의 잎이 말라 죽는 녹병(綠病)의 병원체인 기생성 곰팡이균(Hemileia vastarix)의 내습으로 말미암아 커피 농장들이 모두 궤멸하고 말았다. 대체 작물을 찾던 농부들은 테일러에게 차나무의 꺾꽂이를 할 수 있도록 부탁하였고, 커피 천국의 실론에 티 산업이 탄생한 것이다. 1872년이 되자 실론에서는 영국에 티를 수출하기 시작하였다. 당시 토머스 립턴(Thomas Lipton, 1850~1931)이 1870년 이 섬에 도착해 다원들을 인수하는 한편, 가공 기계의 도입에도 투자하였다.

스리랑카에서 아침 일찍부터 전날 밤에 가공한 티를 테이스팅하는 모습.

대만

이전에 포르투갈인들에게 '포르모사(Formosa)'로 알려진 도서국 대만에서도 고품질의 티들이 생산된다. 기후는 차나무의 재배에 매우 이상적이다. 연평균 기온은 13도~28도이고, 습도는 매우 높다. 이러한 기후로 대만에서는 찻잎의 수확이 4월부터 11월까지 오랫동안 계속된다. 특산차는 우롱차(烏龍茶, Oolong, Wulong tea)이며, 그중에서도 가장 최상급인 '철관음(鐵觀音, Tie Guan Yin)'을 자주 마시면 온몸에서 노폐물이 빠져나간다고 한다.

대만은 매우 흥미로운 역사를 간직하고 있다. 16세기와 17세기 동안에는 포르투갈, 에스파냐, 네덜란드, 영국 등에 차례로 점령되었다. 대만에서는 네덜란드인들이 가장 먼저 티

산업을 일으켰다. 그 뒤 1860년대 후반에는 영국인 존 도드(John Dodd)가 차 농가에 자본을 대출해 주거나 가공 공장의 설립에 도움을 주어 우롱차의 품질이 향상되면서 티 산업도 크게 발전하였다. 오늘날 대만 우롱차의 향미는 품질이 우수하기로 유명하여 그 가격이 매우 높다.

일본

티를 일본에 처음으로 전한 사람은 9세기경 불교를 배우기 위하여 중국 당나라로 건너간 승려 사이초(最澄, 767~822)였다. 당시 승려들은 장시간 명상에 들 때 의식이 깨어 있도록 하기 위하여 티를 마셨다. 1191년에는 일본 임제종(臨濟宗)의 창시자인 에이사이(榮西, 1141~1215)가 중국의 송나라에서 유학을 마치고 귀국하면서 티의 준비 양식을 일본에 전하였다. 그것은 당시 송나라에서 유행하였던 것으로서 찻잎을 고운 가루로 갈아서 물에 타고 차선(茶筅)으로 휘저어 마시는 격불(擊拂) 방식의 맛차(抹茶, matcha) 양식이었다.

일본에서는 대부분 녹차를 생산한다. 흔히 '오차(お茶)'라고도 하는데, 이는 '차(茶)'를 공손히 부르는 말이다. 일본의 녹차 중에서도 최고로 치는 교쿠로(玉露, Gokyuro)는 교토 부근에서 주로 생산된다. 새싹이 나올 때면 차나무들을 차광막으로 덮어 햇빛을 가린다. 반차광 상태로 자란 작은 찻잎은 엽록소를 풍부히 함유하고 있기 때문에 밝고 연한 녹색을 띤다. 그리고 떫은맛을 내는 타닌(tannin) 성분의 함유량이 적어 부드럽고 감칠맛이 나는 풍미를 지닌다.

최종적으로 가공된 홍차는 채취된 샘플들을 통하여 등급이 분류된다.

아프리카

최초의 다원이 1850년대에 남아프리카에 세워진 뒤로 오늘날에는 아프리카 대륙에서도 10개국 이상이 티를 생산하고 있다. 특히 케냐와 말라위에서 생산되는 최고급 품질의 홍차는 매우 유명하다. 다원에서는 거의 대부분이 홍차를 가공 및 생산하기 때문에 그 생산량이 매우 많다. 케냐와 말라위에서는 홍차 외에 백차와 녹차도 생산하고 있다. 사실 케냐는 차나무의 재배 면적이 세계 3위이고 홍차 수출도 오늘날에는 세계 1위를 차지하고 있다.

말라위의 차나무는 대부분 인도에서 들여온 아사미카 품종이다. 말라위의 티는 아직 서방에는 그다지 잘 알려져 있지 않으며, 보통 티 블렌딩의 재료로 사용된다.

산지에서 찻잔까지

1 채엽(採葉, Picking)

차나무에서 찻잎을 따는 과정은 매우 독특하다. 티는 찻잎의 수확기, 차나무에서 새싹이나 찻잎을 따는 부위, 차나무의 재배지 등에 따라 티의 분류가 달라지기도 한다. 홍차의 경우에는 차나무의 새싹을 일아이엽(一 芽二葉) 기준으로 봄, 초여름, 가을에 수확하여 생산한다.

4 산화(酸化, Oxidation)

유념 과정을 거친 찻잎은 통풍이 잘되면서도 약간 습한 장소에 늘어놓는다. 그 시간에 따라 티의 종류가 달라진다. 세포벽이 파괴되어 배어 나온 산화효소는 산소와 결합하여 찻잎에 화학적인 변화를 일으킨다. 이는 홍차의 가공 과정에서 가장 중요한 단계이다. 산화의 미묘한 반응은 최종적인 티의 맛과 향에 결정적인 영향을 준다. 단 몇 분 사이에 맛과 향에 극적인 변화를 줄 수 있기 때문이다.

모든 티는 동일한 식물종의 차나무로부터 생산된다. 이 차나무에는 주요 두 품종이 있는데, 시넨시스 품종(*Cammelia sinensis* var. *sinensis*)과 아사미카 품종(*Cammelia sinensis* var. *assamica*)이다. 중국 운남성과 동남아시아가 원산지인 시넨시스 품종은 보통 백차, 녹차, 우롱차, 일부 홍차의 생산에 사용되는 반면에, 인도의 아삼 지방이 원산지인 아사미카 품종은 일반적으로 홍차의 생산에 사용된다.

이러한 차나무로부터 수백 종류의 다양한 티가 생산될 수 있는 것은 찻잎을 가공하는 과정에서 차이가 있기 때문이다. 여기서 소개하는 것은 홍차의 가공 과정이다.

2 위조(萎凋, Withering)

갓 딴 찻잎들은 편평한 선반에 늘어놓아 시들게 한다. 이렇게 시든 찻잎은 유연하여 다음의 비비고 휘마는 유념 과정에서 부서지거나 갈라지는 일이 없다. 이 위조 과정에서는 찻잎에서 풋사과를 강판에 갈 때와 비슷한 향이 난다.

3 유념(揉捻, Rolling)

위조 과정을 거쳐서 시든 찻잎은 기계나 손으로 비비거나 휘말고 문지른다. 이렇게 하면 찻잎 내부의 세포벽이 파괴되면서 그 속의 산화효소가 배어 나온다. 이 유념 과정에서 찻잎의 모양이 어느 정도 형성되는데, 가공의 마지막 단계인 건조 과정을 거치면 찻잎은 더욱더 매력적이면서도 독특한 모양으로 굳어진다.

5 건조(乾燥, Drying)

대부분의 찻잎들은 기계로 건조시킨다. 이러한 건조 과정에서는 찻잎에 열을 가하여 산화 과정을 완전히 중단시킨다. 즉 열을 가하면 잔여 수분도 최대한 증발되어 제거됨과 동시에 단백질인 산화효소가 변성되어 활성이 사라지면서 티의 향미도 최종적으로 고정되는 것이다. 또한 찻잎에서는 잡내도 사라져 정제된 티의 향미를 얻을 수 있다.

티 테이스팅 용어

찻물(liquor)
정의 : 우려낸 티(액체), 차탕(茶湯). 티 테이스팅에서는 찻물의 찻빛(풍부한 오렌지색, 붉은 색조 등등)에 대해 반드시 평가해 기술한다.

아로마(Aroma)
정의 : 우려낸 액상의 티나 우린 찻잎의 향기.
예 : 강한 아로마.

노트(Note)
정의 : 티에 뚜렷이 나타나는 주도적인 맛이나 향.
예 : 시나몬과 생강의 복합적인 노트가 나는 티잰(tisane).

여운, 뒷맛(Finish)
정의 : 티의 맛 중에서도 미뢰에서 가장 최종적으로 느껴지는 맛.
예 : 가볍고 감칠맛이 마지막으로 미묘하게 여운이 느껴지는 상태.

마우스필(Mouthfeel)
정의 : 입안에서 가득 느껴지는 티의 바디감 등의 느낌. 그것이 약간 떫은 느낌인지(홍차나 녹차), 아니면 크림이나 버터 같은 느낌인지(우롱차)를 말하는 것.

링거(Linger)
정의 : 티를 목 너머로 삼킨 뒤 여운의 맛.

우려낸 찻잎(Wet leaf)
정의 : 건조 찻잎을 우려낸 찻잎, '엽저(葉底)'라고도 한다.

건조 찻잎(Dry leaf)
정의 : 물에 우리지 않은 최종 상품 찻잎.

우리기(Steep)
정의 : 티의 종류에 따라 찻잎을 적당 온도의 물에 넣고 우려내는 과정.

티를 사랑하기 위해 필요한 모든 것!

마시는 티의 향미를
가장 잘 묘사할 수 있는 용어를 찾으려면
티 플레이버 휠을 사용해 보길 바란다.

다양한 티(Tea)의 세계

T2에서는 티(Tea)를 '홍차', '녹차', '허벌 인퓨전(herbal infusion)' (또는 허브티) 등 유형별로 분류하고 있다. 여기서는 T2 티의 주요 유형과 함께 각 유형별로 가장 맛있게 즐길 수 있는 방법들을 소개한다.

백차(白茶)
White tea

• '무위(無爲)'의 티

6대 분류의 티 중에서도 백차는 사람들로부터 가장 높이 인정을 받는다. 백차는 풍미가 매우 산뜻하고 부드러우면서 달콤할 뿐만 아니라 매우 여리고 다양하면서도 절제감이 드러나 복합적이고도 흥미로운 음료이다. 카페인이 살짝 가미되어 있고, 또한 다른 분류의 티에 비하여 가공이 최소한도로 가해져 가장 자연의 상태에 가까운 티이기도 하다.

전통적으로 백차는 2주 정도 지속되는 새로운 시즌의 초봄에 수확된 찻잎으로 생산된다. 백차는 생산량이 적어 희귀하여 가격이 매우 높다. 고대 중국에서는 황제와 고관들만 마실 수 있는 음료였다.

'백차'라는 이름은 차나무의 새싹이 벌어지지 않은 상태에서 미세하고 하얀 잔털이 보이는 데서 유래하였다. 이러한 하얀 잔털을 '백호(白毫)'라고 한다. 보통 백차는 초봄에 차나무에서 백호로 뒤덮인 새싹만을 따서 생산하는 것과 새싹과 그 아래 첫 번째의 찻잎, 즉 '일아일엽(一芽一葉)'으로 생산한 것의 두 종류가 있다. 예를 들면, 전자는 '백호은침(白毫銀針)', 후자는 '백모단(白牡丹)'이다.

백차는 가공이 거의 이루어지지 않는다. 간단히 찻잎을 따서 위조 과정을 거친 뒤 건조시키면 완성된다. 위조 과정에서는 찻잎을 대나무 재질의 선반 위에 펼쳐놓고 날씨에 따라 12~24시간 동안 말린다. 때로는 통풍을 좋게 하고 환기를 시키기 위하여 팬으로 공기를 불어넣는 경우도 있다.

전통적인 방식에서는 찻잎을 불에 건조시키지 않는다. 이로 인하여 옅은 색상과 매우 섬세한 향미가 보존된다. 백차의 찻잎에서는 매우 미묘한 향미의 성분이 우러나오기 때문에 티 애호가들은 더할 나위 없을 정도로 산뜻한 느낌을 맛볼 수 있다고 한다.

황차(黃茶)
Yellow tea

• 경미발효차

녹차의 '쌍둥이 자매'라 할 만큼 달콤하고 사랑스러운 황차는 향미가 매우 미묘하고 온화하다. 때때로 녹차에서 느껴지는 약간의 쓴맛과 초본식물의 향이 나지 않으면서도 녹차의 특징을 지니고 있다. 황차는 항산화 성분이 풍부할 뿐만 아니라 싱그럽고 꽃과 같은 향이 나기 때문에 높이 평가된다.

황차는 그 역사가 수백 년에 이를 정도로 매우 오래되었지만, 오늘날에는 생산하는 곳이 거의 없어 시장에서 보기가 매우 어렵다. 황차는 가공 과정에 시간이 많이 걸릴 뿐만 아니라 그 작업도 매우 까다롭기 때문이다. 지금 현재 녹차는 약 1000여 종류나 되지만, 황차는 손가락으로 꼽을 정도로 그 수가 적다.

고품질의 황차를 생산하기 위해서는 여린 새싹을 하얀 잔털인 백호가 뒤덮기 전에 따야 한다. 이러한 방식으로 황차는 오늘날 중국 후난성(湖南省)의 '군산은침(君山銀針)', 쓰촨성(四川省)의 '몽정황아(蒙頂黃芽)', 안후이성(安徽省)의 '곽산황아(霍山黃芽)' 등으로 소량 생산되어 명맥만 겨우 유지하고 있다.

'황차'라는 이름은 그 가공 방식에서 유래하였다. 건조 과정을 거쳐 따뜻해진 찻잎을 마대를 깐 땅 위에 펼쳐놓고 축축한 천으로 4~10시간 동안 덮어 둔다. 그러면 온도가 올라가 찻잎에 열이 발생하면서 경미한 발효 과정이 일어난다. 이 과정을 '민황(悶黃)'이라고 한다. 민황 과정에서 찻잎의 색상이 약간 노랗게 변하는 것이다. 이 찻잎을 뜨거운 물에 우려내면 찻빛이 황색과 녹색이 뒤섞인 황록색을 띠고, 백차와 녹차와는 전혀 다른 맛과 향을 내는 것이다.

녹차(綠茶)
Green tea

• 비산화차

녹차는 맨 처음 중국에서 발견되었지만, 그 인기는 대부분의 아시아 국가, 특히 일본에서는 매우 높다. 녹차에는 1500종류 이상이 있으며, 그 대부분은 사람의 마음을 안정시키고 활기를 불어넣는다. 티를 우려내는 시간은 모든 종류의 티에서도 중요하지만, 특히 녹차의 경우에는 매우 다양하고 복잡하다.

찻잎은 초봄에 '일아일엽(一芽一葉)'이나 '일아이엽(一芽二葉)'의 방식으로 수확한다. 티를 가공하는 사람에 따라 찻잎은 자연 건조나 위조 과정을 거칠 수도 있고, 안 거칠 수도 있다. 그리고 산화 과정이 일어나지 않도록 찻잎에 열을 가한다. 이를 '살청(殺靑)'이라고 한다. 이 살청에는 찻잎을 팬에 놓고 덖는 '초청(炒靑)'과 찜통에 넣고 증기에 찌는 '증청(蒸靑)'이 있는데, 어느 경우를 거치든지 간에 찻잎에서 녹색이 유지된다.

그 뒤 찻잎을 비비고 휘말고 누르거나 뭉치는 등의 유념 및 성형 과정을 거치면 찻잎의 모양은 가늘고 기다란 '조형(條形)'이나 동그란 '구형(求刑)'이 된다. 이러한 찻잎은 건조 과정을 통하여 잔여 수분이 제거되고 향미가 최종적으로 고정된다. 이 건조 과정을 거치면서 향후 유통 및 보관에서 곰팡이의 발생률이 줄어드는 것이다. 끝으로 촘촘한 체를 통해 부서진 찻잎과 줄기 등의 이물질을 걸러 내면 마침내 최종 상품의 녹차가 탄생하는 것이다. 일본의 가루 녹차인 맛차를 제외한 대부분의 녹차들은 항상 찻잎이 온전한 형태이다.

녹차는 우려냈을 때 맛과 향의 지속 시간에 따라 품질이 결정된다. 서양인들은 녹차의 쓴맛을 기피하지만, 만약 찻주전자에 넣어 우리기 전에 찻잎을 물에 넣어 헹궈 낸 뒤 우려내면 쓴맛을 줄일 수 있다. 고품질의 녹차는 향기롭고도 약간은 달콤한 향미가 입안에서 지속된다.

이러한 녹차는 그 자체로 이미 음료로서 완벽하기 때문에 굳이 우유나 설탕을 넣어 먹을 필요가 없다.

우롱차(烏龍茶)
Oolong tea, Wulong tea

• 부분 산화차

우롱차를 찻잔에 우려내면 카키색과 녹색의 찻잎이 펴지면서 찻빛이 밝고 투명하면서 노란색의 티가 만들어진다. 우롱차는 기분 좋은 견과류의 향으로 안정감을 자아내는 티이다. 부드러운 수지의 맛이 바뀌어 연기와 같은 훈연향이 주도하면서 견과류, 목재의 향미를 자아낸다. 우롱차는 몸을 안정시키는 효능이 있다고 한다.

우롱차는 부분 산화차로서 중국 본토와 대만에서도 인기가 매우 높다. 우롱차는 홍차보다는 맛이 한결 더 부드럽고 녹차보다는 풀 향이 적게 난다.

이 우롱차의 향미는 산화도가 약하면 녹차에 가깝고, 강하면 홍차에 가깝다. 산화도가 30~50%로서 비교적 약한 것은 향미가 녹차(綠茶, Green tea)에 가까워 '그린우롱차(Green Oolong tea)' 또는 '청향형(淸香形) 우롱차'라고 한다. 반면 산화도가 약 70%에 이를 정도로 강한 것은 향미가 홍차(紅茶, Black tea)에 가까워 '블랙 우롱차(Black Oolong tea)' 또는 '농향형(濃香形) 우롱차'라고 한다. 그린우롱차는 싱그러운 식물이나 향긋한 꽃의 향미를 지니는 반면에, 블랙우롱차는 더 달콤하면서도 강한 목재의 향미를 지닌다.

고품질의 우롱차는 여러 차례에 걸쳐 우려내 마셔도 그 맛이 일품이다. 다른 분류의 티와는 달리 우롱차는 실제로 거듭 우려낼수록 맛이 더욱더 좋아지는데, 통상 3~4회째 우려내 마실 때 그 향미를 제대로 즐길 수 있다고 한다.

산화 과정에서는 온도와 습도가 통제되는 실내에서 대나무 선반 위로 위조 과정을 거친 시든 찻잎을 펼쳐놓는다. 이를 '정치(靜置)'라고 한다. 그리고 찻잎을 일정 시간 간격을 두고 반복적으로 흔들어 주는 '요청(搖靑)' 작업을 진행한다. 이렇게 하면 찻잎이 대나무 선반과의 마찰로 상처가 나면서 산화효소가 방출되어 산화 과정이 진행되는 것이다.

우롱차 전문가들은 이 과정을 반복하면서 찻잎을 수시로 만져 보고 향을 맡아 보면서 경험칙으로 산화 반응을 중단시킬지의 여부를 결정하는 것이다. 그 이유는 부분 산화도에 따라서 우롱차의 종류와 향미가 달라지기 때문이다.

홍차(紅茶)
Black Tea

• 완전 산화차

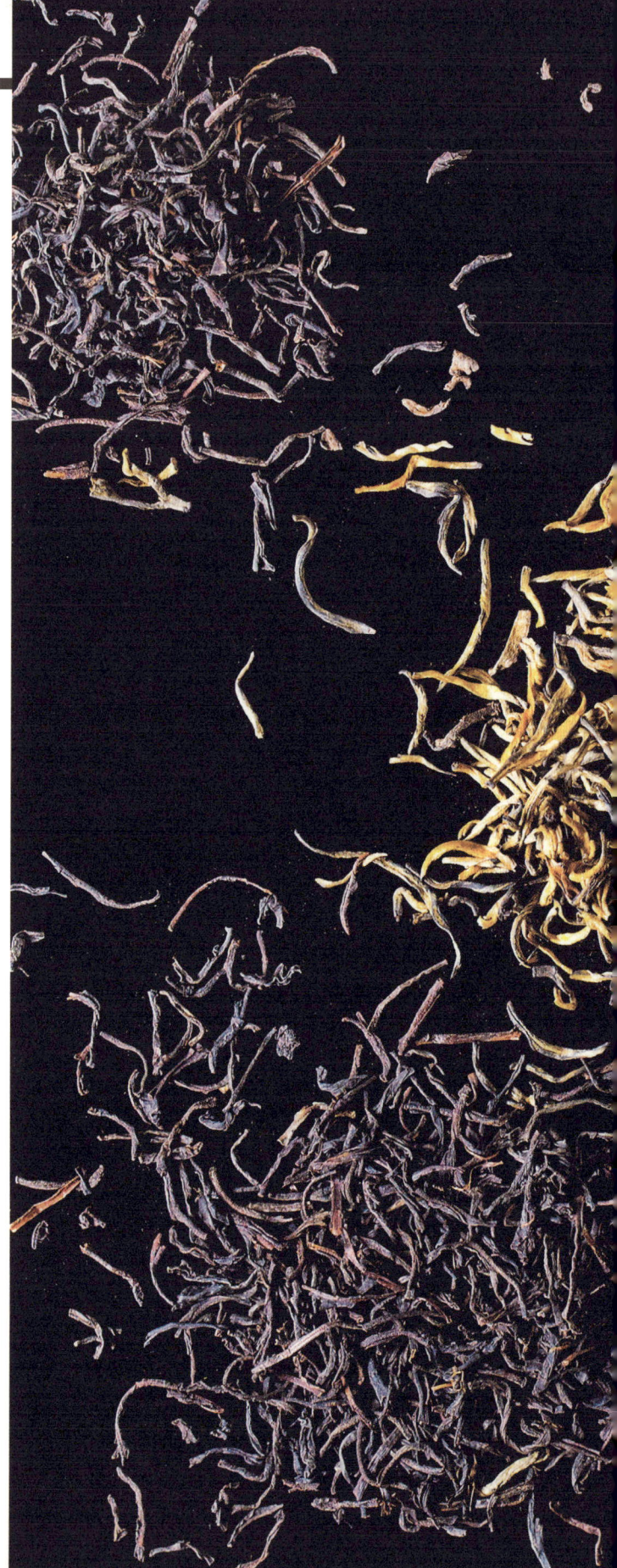

전 세계에서 가장 인기 있는 음료라는 홍차는 녹차나 우롱차보다 그 맛과 향이 더 강렬하다. 그럼에도 홍차가 오랫동안 인기를 누릴 수 있었던 것은 향미에 미묘하면서도 복합적인 요소들이 있기 때문이다.

홍차는 다른 분류의 티보다 카페인 함유량이 더 많고 항산화 성분도 더 풍부하다. 서양에서 영어로 '블랙 티(black tea)'라고 부르는 것은 건조 찻잎의 색상이 검은색이기 때문이다. 그런데 중국에서 홍차로 부르는 것은 우려낸 티의 찻빛이 붉은색이기 때문이다. 즉 기준에 따라 호칭에서 차이가 생긴 것이다.

홍차는 맛이 강하고 향이 자극적이기 때문에 우유와 설탕을 넣으면 맛을 한결 더 부드럽고 미묘하게 만들 수 있다. 이와 같이 선택지가 다양하기 때문에 홍차는 서양의 수많은 티 애호가들에게 깊은 사랑을 받으며 오늘날의 지위를 유지하고 있는 것이다.

홍차는 찻잎을 100% 완전히 산화시켜 생산한다. 이러한 생산은 다음의 주요 네 가공 과정을 거친다.

먼저 찻잎을 통풍이 잘되는 여물통에 늘어놓고 그 아래로 공기를 불어넣어 찻잎에서 수분을 제거하는 위조 과정을 거친다. 이 과정이 끝나면 찻잎은 시들어서 오글쪼글해진다.

다음으로는 유념 과정을 거친다. 오서독스 방식에서는 유념기로 찻잎을 비비고 휘말고, CTC 방식에서는 기계를 사용하여 찻잎을 자르고 찢고 휘만다. 이를 통해 찻잎에서는 세포벽이 파괴되고 그 속의 향미 성분과 산화효소가 방출된다.

이러한 찻잎들은 크기와 상태에 따라서 분류한 뒤 선반에 늘어놓고 산화 과정을 진행시킨다. 이때 온도는 22~27도, 습도는 90% 이상으로 통제된다.

끝으로 찻잎들은 80도 이상의 고온에 노출되면서 건조된다. 이 건조 과정을 거친 찻잎들은 홍차의 등급 기준에 따라 분류되어 포장된다. ■

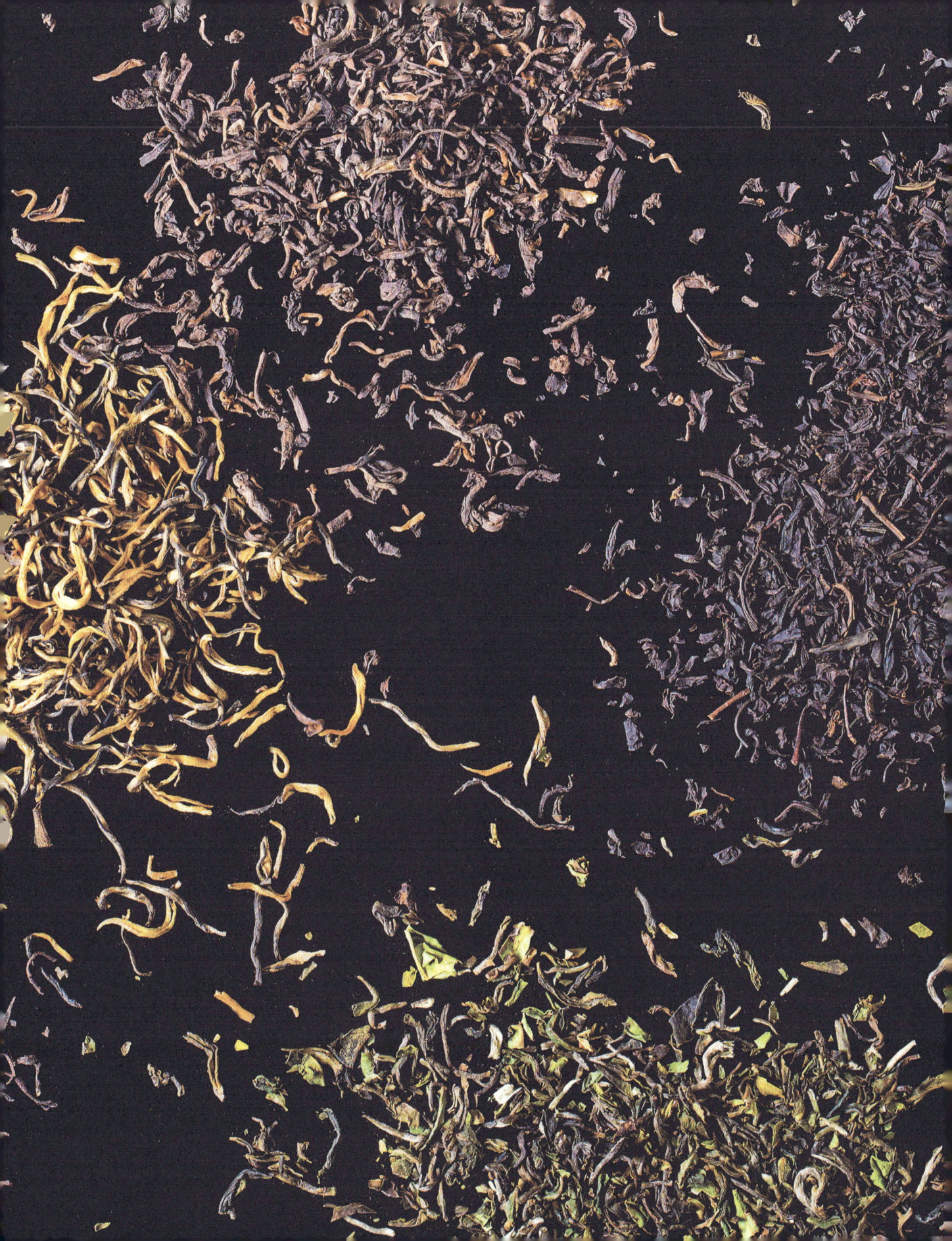

플레이버드 티
Flavoured tea

• 블렌딩을 통한 가향·가미차

티의 세계에 첫발을 내딛는 사람에게는 '플레이버드 티(flavoured tea)'가 훌륭한 출발점이 될 것이다. 플레이버드 티는 보통 홍차를 베이스 티로 사용하며, 여기에 모든 종류의 과일이나, 시나몬·클로브(정향)와 같은 향신료나, 견과·약초·꽃 등의 에센셜 오일 등을 가하여 훌륭한 향미를 낸 '블렌디드 티(blended tea)'이다.

플레이버드 티를 만드는 또 하나의 방법으로는 다양한 종류의 착향료(에센셜 오일)를 재료에 사용하는 것이 있다. 이때 사용하는 인공 착향료는 자연에서 찾아볼 수 있는 향미와 거의 동일하지만 그 세기가 훨씬 더 강하다. 이러한 강한 인공 착향료는 보통 플레이버드 티를 대량으로 생산할 때 재료들이 원통 속에 담겨 회전하는 동안에 분무기에서 분사된다.

산뜻하면서도 달콤한 과일 향이 풍기는 티를 좋아하든지, 감미로운 캐러멜이나 초콜릿 디저트의 향미가 나는 티를 좋아하든지 간에 사람마다 각자 자신의 취향에 맞는 티가 있다. 얼 그레이 홍차나 인도 특산의 차이(chai)를 비롯한 몇몇 플레이버드 티의 기원에는 고귀한 이야기들이 담겨 있다.

얼 그레이(Earl Grey)

얼 그레이 티는 1830년~1834년에 제2대 그레이 백작이자 영국의 수상이었던 찰스 그레이(Charles Grey, 1764~1845) 이름에서 유래하였다. 그레이 백작은 어느 날 중국에 다녀온 사절단으로부터 티를 선물로 받았는데 그 향이 무척이나 좋았다. 그 티에서는 무환자나뭇과 상록교목의 열매인 용안(龍眼)의 향이 났지만, 용안은 당시 서양에서는 구하기가 어려웠다. 결국 용안 대신에 운향과 나무인 베르가모트(Bergamotte)의 에센셜 오일을 중국 티에 가향하였는데, 이리하여 탄생한 것이 바로 오늘날 전 세계에서도 가장 인기 있는 플레이버드 티인 얼 그레이 홍차이다.

차이(Chai)

인도 특산의 티 음료인 차이(chai)가 발명된 역사는 수천 년 전으로까지 거슬러 올라간다. 그 기원은 인도의 전통 민간요법인 '아유르베다(Ayurveda)'에서 치료제로서 처음 만들어진 것이라고 한다. 고대에는 차이가 몸과 마음을 자연스럽게 치료할 수 있다고 생각되었다. 그러나 오늘날 차이는 우유와 함께 이국적인 약재와 향신료를 풍부하게 블렌딩하여 향미가 매우 독특하면서도 감각적인 플레이버드 티로서 그 인기를 점차 높여 가고 있다. 추운 겨울에 차이를 한 모금만 마셔도 몸과 마음을 따뜻하게 데울 수 있다. ■

공예차(工藝茶)
Hand-crafted tea

• 이명 : 개화차(开花茶),
    블루밍 티(blooming tea),
    플라워링 티(flowering tea)

공예차는 거의 언제나 중국적인가? T2에서는 그렇다. 이런 유형의 티는 '개화차(开花茶)'라고도 하며, 영어로는 '블루밍 티(blooming tea)' 또는 '플라워링 티(flowering tea)'라고도 한다. 레스토랑이나 팬시점 등에서 이 티를 아름답게 포장해 놓은 것을 보았을지도 모른다. 공예품 전문점인 팬시점에서는 건조 찻잎으로 꽃을 포장하거나 꽃으로 찻잎을 감싸 공 모양으로 만든 뒤 건조시킨다. 이 공예차는 일단 뜨거운 물에 들어가면 찻잎이 서서히 펼쳐지면서 그 속의 색채도 강렬한 화려한 꽃이 모습을 드러낸다. 그야말로 티를 마시면서 볼 수 있는 극적인 연출이다.

이 공예차에는 수백 종류가 있는데, 아주 놀라운 모양과 크기를 지닌 것들도 있고, 맛과 향이 놀랄 정도로 훌륭한 것들도 많으며, 매번 만들어질 때마다 그 양상이 달라진다. 이 공예차는 솜씨가 좋은 장인들이 엮은 뒤 손으로 모양을 낸다.

T2의 공예차 가운데 가장 선호도가 높은 상품 중 하나로는 '부다스 티어스(Buddha's tears)'가 있다. 녹차의 찻잎으로 재스민 꽃잎 하나를 공 모양으로 감싸면 조그만 주차(珠茶)와 같이 보인다. 이 공예차는 일단 뜨거운 물속에 들어가면 찻잎이 풀려 아름다운 재스민 꽃이 보이면서 꽃 향과 맛을 내는 것이다. 오직 공예차에서만 느낄 수 있는 미묘한 느낌이 아닐 수 없다.

무단 로즈(Mudan Rose) 역시도 고전적인 공예차이다. 최근에는 여행지에서 은색과 황금색의 찻잎이 뿌려진 공예차까지도 볼 수 있을 정도이다. 이는 분명히 공예차를 새로운 수준으로 끌어올리고 있다는 신호이다!

공예차를 우릴 때는 유리 주전자와 유리잔을 사용하길 권한다. 아름다운 모습을 눈으로 보면서 감상할 수 있다. 다른 다기로 우리는 것은 낭비일지도 모른다.

루이보스
Rooibos

- 이명 : 레드 티(red tea),
  레드 부시 티(red bush tea)

루이보스는 엄밀히 말하면 '티(tea)'가 아니고, 허브의 일종이다. 남아프리카 세다버그(Cederberg) 고원이 원산지로서 학명이 아스팔란투스 리네아리스(*Aspalanthus linearis*)인 콩과식물의 잎이다. 루이보스는 원주민어로 '붉은 덤불(red bush)'이라는 뜻이다. 이로 인해 루이보스는 서양에서는 '레드 티(red tea)' 또는 '레드 부시 티(red bush tea)'라고도 하며, 오늘날에는 전 세계적으로 음용되고 있다.

루이보스가 오늘날 큰 인기를 끌고 있는 것은 홍차와는 달리 카페인 성분이 없고 항산화 성분과 미네랄 성분이 풍부하기 때문이다. 이러한 건강 효능상의 이유로 전 세계적으로 인기를 끌면서 지금은 세계 곳곳에서 재배되고 있다. 혈액 순환을 개선하고 위장을 편안하게 하고 피부 트러블을 가라앉힐 뿐만 아니라 불면증의 개선에도 효험이 있다고 한다.

루이보스는 잔가지가 많은 관목형 나무로서 높이 1~2미터 정도까지 자란다. 잎과 줄기를 잘라서 부순 뒤 늘어놓아 산화시키면서 햇볕에 말린다. 산화로 인해 색상이 붉은 '레드 루이보스(red rooibos)'를 뜨거운 물에 우리면 과일 향이 나면서 맛이 약간 달콤새콤하여 그윽한 풍미를 낸다.

한편 산화되지 않은 '그린 루이보스(green rooibos)'도 있지만, 그 가공 과정이 녹차의 수준에 준하는 만큼(실제 녹차 가공 과정과 비슷함) 까다롭기 때문에 레드 루이보스보다 가격이 훨씬 더 높다. 그린 루이보스는 레드 루이보스와는 달리 엿기름 향과 약간의 초본 향이 난다.

남아프리카에서는 보통 루이보스를 홍차와 마찬가지로 우유와 설탕을 첨가하여 맛을 높여 마신다. 또는 레몬 조각을 띄우고 설탕 대신에 꿀을 넣어 마실 수도 있다.

과일·허브 티잰
Fruit and herbal tisane

• 허브 인퓨전(herbal infusion)

과일을 우려낸 티잰도 티를 마시는 사람들의 사랑을 받고 있다. 과일 티잰은 연중 어느 때나 마실 수 있다. 특히 눈 내리는 들판에 있을 때나 온종일 스키를 탄 뒤 마음을 따뜻하게 해 줄 과일 맛과 계피 향이 나는 음료가 필요할 때 뜨겁게 달여 마시면 최상이다.

그런데 T2에서는 과일 티잰을 마실 때 차게 하는 경우가 많다. 차게 하더라도 맛도 좋고, 상쾌한 기분을 자아내며, 색상 또한 아름답기 그지없기 때문이다.

'인퓨전(infusion)', '티잰(tisane)'이라고도 하는 이들 과일 음료는 과일 나무의 열매와 꽃으로 만들어진다. 과일 티잰은 또 용기에 들어 있을 때 아름답게 보인다. 이들은 티 가운데 가장 아름다운 것이며, 우리는 아름다움, 풍미, 재료끼리의 융합을 도모하기 위해 조심스럽게 재료를 고른다.

과일 티는 기분을 돋우는 것도 있고, 식사 대신으로 마시는 것도 있으며, 어떤 것은 하루가 끝날 때 마음을 진정시킨다. 어떤 이유로 마시든 모든 재료의 블렌딩으로 마실 수 있다. 상상력을 발휘하고 미각을 살리기만 하면 된다.

다른 티를 달콤하게 만드는 데도 과일 티잰을 사용할 수 있다. 그러한 과일에는 자연에서 우러나는 달콤한 맛이 풍부히 들어 있기 때문이다.

과일 블렌드(fruit blends)는 자연스러운 단맛을 언제든지 즐길 수 있게 항상 냉장고 속에 비치하거나 학교에 가지고 다니기에도 좋은 음료이다.

훈연차와 가향차
Smoked and scented tea

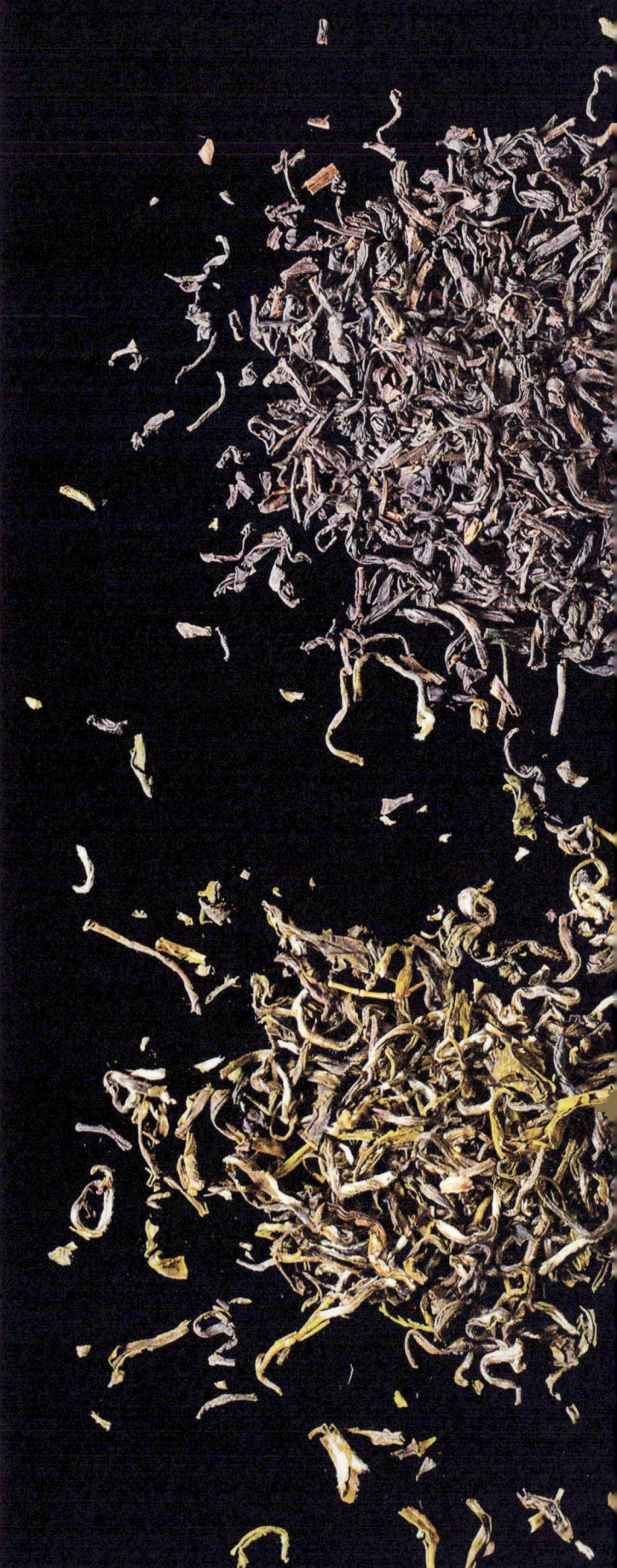

훈연차(smoked tea)

전설에 따르면 훈연차는 약 19세기 초에 중국에서 탄생하였다. 당시 중국의 한 차농부가 그의 농장을 국가에 귀속시키도록 강요당하였다. 그런데 차농부는 수확물까지는 차마 넘기지는 못하고 송백(松柏)을 장작으로 태우는 불 위에 선반을 놓고 그 위에 찻잎을 놓아 연기 속에서 급속히 건조시켰다. 그 결과 찻잎에서 뚜렷한 '송연향(松煙香)'이 났다고 한다. 이 송연향이 풍기는 티가 유럽으로 수출된 뒤 크게 인기를 끌면서 대성공을 거두었다는 이야기이다. 바로 '정산소종(正山小種)'이다.

이 훈연차 정산소종은 서양에서는 '랍상소총(lapsang sou-chong)'이라고 한다. 정산소종은 '소종(小種)' 품종의 차나무로부터 생산되며, 불에 타는 송백의 연기로 훈연시키기 때문에 송백 특유의 수지 향과 맛이 난다.

오늘날 정산소종은 복잡한 훈연 과정을 거치면서 생산되는데, 송연향과 함께 담배의 향도 난다. 여운이 오래도록 지속되는 송연향이 강한 인상을 남기고 카페인의 자극성도 뚜렷한 것이 큰 특징이다. 몰트위스키를 즐기는 사람이라면 이 훈연차를 좋아할 것이 분명하다.

가향차(scented tea)

찻잎에 향을 가하는 것은 티에 풍미를 더하는 역사상 가장 오래된 방식 중의 하나이다. 찻잎에 향을 가하는 데는 가장 흔히 재스민 꽃이나 장미 꽃잎이 사용된다. 찻잎을 펼쳐놓은 뒤 꽃송이를 층층이 교대로 놓고, 때로는 여덟 층까지 교대로 엇갈리게 배치하는 경우도 있다. 이 가향 작업은 꽃이 가장 강한 향을 내는 밤에 이루어진다. 일단 찻잎이 향을 흡수하면 재스민 꽃이나 장미 꽃은 걷어 낸다.

찻잎은 주위의 향을 모두 흡수하는 성질이 있기 때문에 최종 상품의 티는 반드시 밀폐된 용기에 넣어 보관해야 한다.

티를 완벽히 우려내는 조건

당신은 강렬한 풍미의 티를 좋아하는가, 아니면 약한 풍미의 티를 좋아하는가? 또는 맛이 약간 쓴 티를 좋아하는가, 아니면 달콤한 티를 좋아하는가? 여기서는 티를 완벽히 우려내기 위한 세 단계를 소개한다.

첫 단계는 자신의 취향에 적합한 티를 고르는 일이다. 만약 향미가 강렬한 티를 좋아한다면 대체로 '브로큰 리프(broken leaf)' 등급이나 찻잎이 펼쳐진 것을 고른다. 이러한 티들이 더 빨리, 더 강하게 우러나기 때문이다. 만약 향미가 약한 티를 좋아한다면 대체로 '홀 리프(whole leaf)' 등급을 고른다. 티가 우러나기가 쉽지 않아 시간이 걸리기 때문이다. 다음 두 페이지에서는 티의 유형에 따라서 우려내는 시간이 달라지는 이유를 다이어그램을 통해 설명하고 있다. 티를 완벽히 우려낼 때 중요한 세 가지의 조건은 다음과 같다.

1. **티의 종류**
2. **수온**
3. **우려내는 시간**

단 홍차에 우유를 넣을 때는 기존의 우려내는 시간에 1분을 더한다. 그러면 보기에도 좋은 벌꿀 색상과 강렬한 향미가 우유에 더해질 것이다.

| | 3-7분 | 1-3분 | 1-3분 | 3-6분 |

100℃
90℃
80℃

백차 **황차** **녹차** **우롱차**

 끓는 물

 찬물 또는 수돗물

| 2-4분 | 2-3분 | 3-6분 | 2-4분 | 5-7분 | 3-5분 | 3-5분 | 2-3분 |

홍차 / 플레이버드 녹차 / 플레이버드 우롱차 / 플레이버드 홍차 / 공예차 / 루이보스 / 티잰 및 허브티 / 가향 녹차

80℃

수온을 낮추려면 찻주전자에 찬물이나 수돗물을 5분의 1, 끓는 물을 5분의 4의 비율로 채운다. 대부분의 백차와 녹차 등의 비교적 연하고 부드러운 찻잎에는 펄펄 끓는 물을 직접 부으면 안 된다.

100℃

일부 티는 100도의 끓는 물로 우려낼 필요가 있다. 찻주전자에 뜨거운 물이나 끓는 물을 넣고 예열한 뒤 그 물을 버린다. 여기에 티를 넣고 다시 끓는 물을 붓는다. 이렇게 예열하지 않으면 티가 우러나기도 전에 물이 곧바로 식어 버리기 때문이다. 다음 페이지에서는 T2의 티 분류별 상품들을 소개한다

백차

백모단(白牡丹)/ 파이 무탄 (Pai Mu Tan)
잎이 활짝 펼쳐진 개면잎이 새싹보다 더 빨리 우러난다.

은침(銀針)/ 실버 니들스 (Silver Needles)
섬세한 새싹은 모든 풍미가 우러나기까지 더 오래 걸린다.

황차

몽정황아(蒙頂黃芽)/ 멍딩 황야(Meng Ding Huang Ya)
황차는 상대적으로 짧게 우린다. 3분만 우리면 감칠맛이 난다.

녹차

교쿠로 (Goykuro, 玉露)
가느다란 찻잎에서는 복합적인 감칠맛이 재빨리 우러나온다.

일본 겐마이차 (Japanese GMC)
부드럽고 연한 맛이 약간 서서히 우러나온다.

우롱차

단총우롱(單叢烏龍)/ 우롱 댄쿵(Oolong Dan Cong)
펼쳐진 찻잎에서 감칠맛이 재빨리 우러나온다.

우롱 포머서 (Oolong Formosa)
구형으로 단단히 휘말린 찻잎들은 향미가 우러나는 데 많은 시간이 걸린다.

홍차

잉글리시 브렉퍼스트(English Breakfast)
브로큰 등급의 찻잎에서는 강하고 활기찬 향미가 재빨리 우러나온다.

그랜드 윈난 (Grand Yunnan)
찻잎이 주로 새싹들이기 때문에 그윽하면서 복합적인 향미가 서서히 우러나온다.

플레이버드 녹차

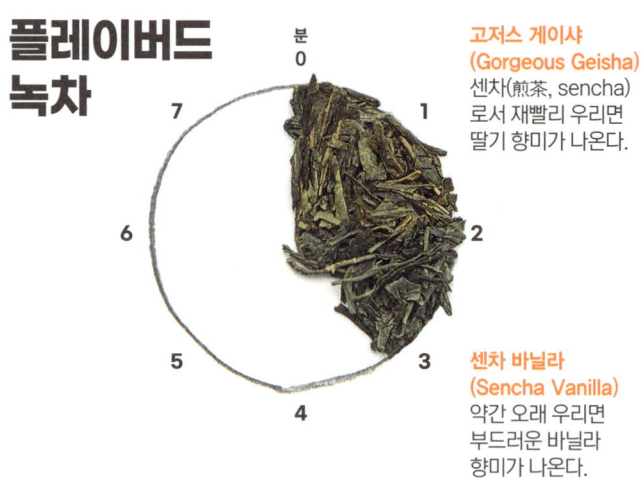

고저스 게이샤 (Gorgeous Geisha)
센차(煎茶, sencha)로서 재빨리 우리면 딸기 향미가 나온다.

센차 바닐라 (Sencha Vanilla)
약간 오래 우리면 부드러운 바닐라 향미가 나온다.

플레이버드 우롱차

우롱 베리 (Oolong Berry)
부재료가 재빨리 우러나면서 훌륭한 베리류의 향미가 난다.

밀키 우롱 (Milky Oolong)
약간 오래 우리면 우롱차와 우유나 크림이 뒤섞인 복합적인 향미가 균형을 이룬다.

플레이버드 홍차

애들레이드 브렉퍼스트(Adelaide Breakfast)
약간 짧게 우려야 미묘한 베리류의 향미가 살아난다.

차이(Chai)
약간 오래 끓여야 향신료와 향미와 홍차의 강렬한 향미가 확장된다.

공예차

부다스 티어스 (Buddha's tears)
손으로 단단히 구형으로 뭉친 찻잎들은 오래 우려야 펴진다.

루이보스

레드(Red)
활기 넘치고 강한 향미를 내려면 짧게 우려내야 한다.

레드 그린 바닐라 (Red Green Vanilla)
약간 길게 우려야 그린 루이보스와 부드러운 바닐라의 향미를 모두 낼 수 있다.

티잰 및 허브티

페퍼민트 (Peppermint)
페퍼민트의 전체 향미를 맛보려면 짧게 우려내야 한다.

프루탤리셔스 (Fruitalicious)
과일 조각이 들어 있기 때문에 좀 더 오래 끓여야 한다.

가향 녹차

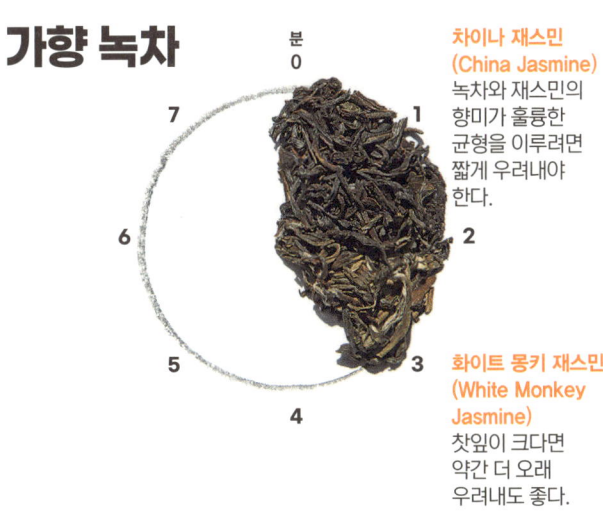

차이나 재스민 (China Jasmine)
녹차와 재스민의 향미가 훌륭한 균형을 이루려면 짧게 우려내야 한다.

화이트 몽키 재스민 (White Monkey Jasmine)
찻잎이 크다면 약간 더 오래 우려내도 좋다.

완벽한 티 한 잔

1 주전자에 물을 끓인다.
  항상 새로운 물을 사용하고, 물을 끓이는 데는
  절대로 전자레인지를 사용하지 않는다.

2 끓는 물을 조금 찻잔에 부어 예열한 뒤
  물을 버린다.

3 찻잎을 찻주전자에 넣는다.
  (일반적으로 대략 1인당 1티스푼
  분량에 1티스푼 분량을 추가한다).
  그리고 찻잎 위로 뜨거운 물을 붓는다.
  티백은 사용하지 말고 잎차를
  사용한다.

4 홍차의 경우에는 갓 끓은 물을
  사용한다. 그러나 녹차나 백차의
  경우에는 물의 최적 온도가 80도이다.

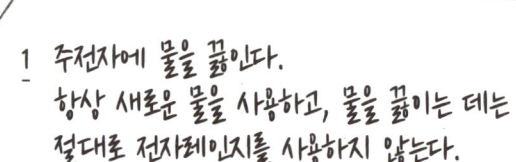
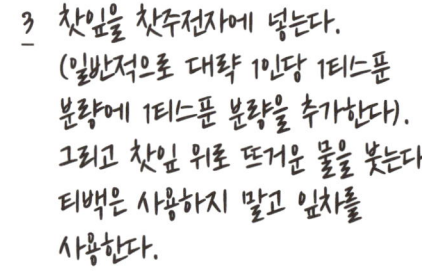

5 몇 분 동안 티가 우러나기를 기다린다(우러는 시간은 60~61쪽 참조).

6 누가 진한 티를 좋아하고, 누가 약한 티를 좋아하는지 파악하여 약한 티 쪽의 찻잔부터 따른다.

7 원하면 우유를 붓는다. 불그스름한 갈색이 나타날 만큼 충분히 따라도 좋다.

우유

티에 우유를 더할 때는 아주 짙게 우러나는 강렬한 향미의 티를 주의 깊게 고를 필요가 있다.

이러한 티는 우유의 색상, 풍부한 향미와 조화를 잘 이룬다. 특히 '아삼(Assam)', '잉글리시 브렉퍼스트(English Breakfast)', '아이리시 브렉퍼스트(Irish Breakfast)'와 같은 홍차는 우유와 함께 내기에 가장 좋은 티이다.

아삼은 보기 좋은 붉은색이나 비스킷 같은 색깔을 내며, 또한 달콤한 맛과 완벽한 조화를 이룬다.

대부분의 스리랑카 티(홍차)도 우유와 잘 어울리며, 또한 T2의 '초콜릿(Chocolate)'이나 '테리픽 토피(Terrific Toffee)'와 같은 몇몇 플레이버드 티는 향미가 기본적으로 풍부하고 온화하여 우유와도 잘 어울린다. 단 중국 티와 인도의 다르질링 티(홍차)에는 우유를 절대로 넣어서는 안 된다.

당신도 티에 우유를 넣어 마시나요?

- 밀크 티를 만들 때는 맛이 강하고 향이 풍부한 홍차를 베이스 티로 선택한다.
- 홍차는 진하게 우려내는 것이 좋지만 지나치게 우려서도 안 된다. 예를 들면, 아삼이나 브렉퍼스트의 홍차 경우에는 4분 정도만 우린 뒤 우유를 더한다.
- 우유는 밀크 티의 색상이 마음에 들 때까지 계속 넣어야 한다고 사람들은 생각하지만, 이는 상황에 따라 매번 달라질 것이다.
- 전통적인 향미와 최상의 색상을 내는 데는 역시 전유(Whole Milk)가 가장 좋다.
- T2의 티 중에서도 밀크 티를 만들기에 가장 좋은 것은 차이(Chai)이다. 차이는 인도의 향신료나 허브를 홍차와 혼합한 블렌디드 티로서 거의 언제나 우유와 함께 낸다. 이 차이를 만드는 사람을 인도에서는 '차이 왈라(chai wallah)'라고 한다.
- 차이는 전통적으로 테라코타 잔에 부어서 마시는데, 이 잔은 차이를 다 마시고 나면 땅바닥에 휙 내던져 깨뜨린다.
- 빌더스 티(Builder's tea)는 강하게 우려낸 티를 뜻하는 구어로서 머그잔에 티백을 넣어 직접 우리는 경우가 많다. 보통 우유와 몇 숟가락의 설탕과 함께 제공된다.
- 차이에는 우유 대신에 두유나 아몬드밀크와 같은 대체품도 사용되지만, 강한 풍미를 내기 위해서는 반드시 전지유를 사용하기를 권한다.

설탕

티에 설탕을 넣어 먹는 일은 수많은 사람들이 쉽사리 버릴 수 없는 습관이겠지만, 이는 티의 미묘한 향미를 파괴할 수도 있다는 사실을 사람들은 알아야 한다. 만약 인도에서 다르질링 퍼스트 플러시와 같은 훌륭한 티를 고르는 노력까지 기울였다면 설탕을 넣지 않는 것이 좋다. 설탕이 그 티의 미묘한 맛과 향을 가리기 때문이다.

T2에서는 우려낸 티에 단맛을 내기 위해 때때로 꿀이나 다른 감미료를 더하거나, 본질적으로 설탕을 기반으로 한 티잰인 '터키시 애플(Turkish Apple)'을 사용하기도 한다. 또한 과일 티잰이 지니는 천연의 단맛(과당)이라고는 전혀 없는 허브티에는 감미료를 사용한다. T2의 과일 티잰들은 대부분 천연 단맛(과당)이 있기 때문에 설탕을 전혀 첨가하지 않고도 단맛을 훌륭히 즐길 수 있다.

흔히 아이스티는 단맛이 날 것이라고 기대한다. 그 아이스티는 어떤 부류의 티로도 만들 수 있지만, 특히 홍차, 녹차, 우롱차의 경우에는 감미료를 첨가해 주어야 한다. 만약 과일 티잰을 사용한다면 과당이 있어 천연의 단맛이 나기 때문에 별도의 감미료를 첨가할 필요가 없다. 다만 이러한 아이스티에도 단맛을 강화하기 위하여 신선한 과일을 추가해 넣는 수도 있다.

단맛을 약간 더하기에 가장 좋은 티는?

모든 브렉퍼스트류 티
브렉퍼스트류 티는 개성이 강한 홍차이기 때문에 단맛을 약간 추가하면 더할 나위 없이 좋다.

차이(Chai)
차이에는 전통적으로 항상 소량의 벌꿀이 들어간다. 향신료, 허브 등 재료의 향미가 개성이 매우 강하기 때문에 대부분의 차이에는 감미료가 들어간다.

레몬그라스 앤드 진저(Lemongrass and Ginger)
T2의 이 블렌디드 티는 몸에 활기를 불어넣어 한결 가볍게 하는 데 제격인 음료이다. 약간의 벌꿀 또는 루비 레드 로즈힙(Ruby Red Rosehip)과 같은 과일 티잰을 블렌딩하면 더욱더 달콤한 조합의 맛으로 즐길 수 있다.

티백 vs 잎차

티를 우리는 가장 최상의 선택은 찻잎이 온전한 형태인 '잎차(loose leaf)'를 사용하는 것이지만, 때로는 '티백(tea bag)'으로 우려야 하는 경우도 있다. 그런데 T2의 티백은 잎차가 단지 백에 들어 있을 뿐이다. 그럼에도 찻주전자에서 우린 잎차와는 그 향미가 다르다. 티백은 찻주전자에 비해 찻잎이 자유롭게 움직이면서 우러날 공간이 작기 때문이다.

T2 품목들

T2의 품목에는 대략 200종 이상의 티가 있다. 그 수가 워낙 많기 때문에 각 티에 15분 정도 할당하여 소개할 방도를 마련하고 있다. T2의 점포에 처음 들어서는 사람이라면 누구나 티 테이블과 마주하게 된다. 그 티 테이블에는 모든 T2 품목의 찻잎들이 그릇에 담겨 놓여 있다. 이는 고객이 티의 다양한 종류를 이해하는 데 도움을 줄 뿐만 아니라 고객 자신이 어떤 유형의 티를 좋아하는지도 알려 준다.

T2에서는 매 6주마다 6종의 티를 선정하여 시음장에 내놓고 매일 수많은 방법으로 우려내 티의 다채로운 모습과 향미를 고객들에게 선사한다. 대체로 이때 내놓은 티들이 이 시기에 가장 많이 팔리는 것들이다.

티를 선택하는 과정은 고객들이 티를 마시는 의식의 전반에 걸쳐서 매우 많은 부분을 차지하고 있다. 자신의 개인적인 취향에 맞는 티를 찾을 때까지 선택이 계속될 것이기 때문이다.

백차

화이트 로즈(white rose)
이 섬세한 백차는 로즈페탈(장미 꽃잎)과 블렌딩되어 꽃향기에 훌륭한 단 향의 감흥을 느낄 수 있다. 백차 본연의 특성이 유지되면서 장미꽃이 더해져 처음부터 끝까지 달콤하면서도 미묘한 맛이 지속된다.

파이무탄(Pai Mu Tan)/백모단(白牡丹)
새싹으로만 이루어진 이 티를 우리면 꽃, 꿀, 약한 초콜릿 맛 등으로 즐거움을 느낄 수 있다.

황차

멍딩 황야(Meng Ding Huang Ya)/몽정황야(蒙頂黃芽)
이 희귀한 티는 운무가 낀 멍산산(蒙山)의 꼭대기에서 산출된다. 본래의 초본 향에 달콤한 맛과 견과류 향이 더해진다.

녹차

건파우더 그린(Gunpowder Green)
아주 단단히 구형으로 뭉친 녹차로, 산뜻하면서 약간 떫은맛이 나고 매우 싱그러운 느낌이 든다.

저패니즈 지엠시 센차(Japanese GMC Sencha)
초본 향에 미묘하면서 싱그러운 느낌으로 기분 전환을 순간적으로 일으킨다.

피뤄춘(Pi Lo Chun)/벽라춘(碧螺春)
섬세하고 품질이 훌륭하다는 평가를 받는 티로서, 알밤의 향에 찰나적으로 꽃향기가 느껴진다.

영 하이슨(Young Hyson)
바디감이 중간 정도이고 그윽하면서 강한 향미에 뒷맛이 달콤하다.

우롱차

우롱 오리엔탈 뷰티(Oolong Oriental Beauty)/동방미인(東方美人)
품질이 훌륭하기로 유명한 이 우롱차는 강한 향미를 지닌다. 꿀, 캐러멜, 과일의 향이 주도적이다.

테관인(Tie Guan Yin)/철관음(鐵觀音)
견과류와 과일의 향기가 있으며, 난초 향기와 미묘한 균형을 이룬다.

홍차

잉글리시 브렉퍼스트(English Breakfast)
자극적으로 블렌딩된 이 고전적인 티는 찻빛이 밝고 짙은 향에 주도적인 향이 있다.

그랜드 윈난(Grand Yunnan)
복합적인 향미로 높은 평가를 받는 티로서 초콜릿과 오렌지의 향이 풍기면서 약한 스모키한 향이 여운을 남긴다.

랍상소총(Lapsang Souchong)/정산소종(正山小種)
매콤하면서 짭짤한 뒷맛에 스모키한 향이 길게 이어진다.

오렌지 페코(Orange Pekoe)
사탕수수와 건포도의 약한 향기가 있는 가운데 깔끔하고도 상쾌한 뒷맛이 있다.

흑차

푸얼(Pu-erh)/보이(普洱)
짙은 색상과 거의 커피와 같은 향미와 복합적인 목재 향으로 애호가들이 많은 티이다.

PART 1. 티의 가공

가향·가미차

오시 와틀 브렉퍼스트 (Aussie Wattle Breakfast)
흙과 기분 좋은 견과류의 냄새가 나는 이 황금빛 티는 따뜻하고 짜릿한 맛이 훌륭하다.

바나나 베이크(Banana Bake)
바닐라와 바나나의 기미에 강렬한 풍미의 홍차.

차이(Chai)
T2의 대표적인 블렌디드 티로서 향긋하고 복합적이며 놀라운 맛이 일품이다.

프렌치 얼 그레이 (French Earl Grey)
과일의 향미와 꽃향기가 어우러진 프랑스풍의 얼 그레이.

고저스 게이샤 (Gorgeous Geisha)
맛이 부드럽고 달콤하며 우아하다. 딸기와 크림의 향미를 지닌 녹차.

그린 로즈(Green Rose)
과일 맛이 나는 달콤한 묘약. 우아한 향미의 센차와 장미가 열대 과일과 블렌드된다.

멜버른 브렉퍼스트 (Melbourne Breakfast)
훌륭한 바닐라로 맛이 풍부하고 부드럽고 신선한 꿀 향이 강하게 풍긴다.

뉴욕 브렉퍼스트 (New York Breakfast)
풀 바디감이 펼쳐지는 홍차로서 뜨거운 팬케이크의 맛과 완벽한 뉴욕의 현장감을 고취시킨다.

라즈베리 러시 (Raspberry Rush)
홍차를 베이스 티로 라즈베리와 멋진 붉은색인 히비스커스 꽃잎의 향미가 풍긴다.

센차 센세이션 (Sencha Sensation)
감귤과 베르가모트의 풍미가 있는 가향·가미의 녹차. 미묘한 향미를 좋아하는 사람들에게 잘 어울린다.

공예차

부다스 티어스 (Buddha's tears)
감각적인 기쁨! 손으로 휘말은 아주 가벼운 새싹이 천국과도 같은 향기인 재스민의 향미를 풍긴다.

크리샌서멈 버스트 (Chrysanthemum Burst)
손으로 다듬은 섬세하고도 예쁜 어린 페코 찻잎으로부터 놀라운 향이 풍긴다.

루이보스

시나몬 서머솔트 (Cinnamon Somersault)
이 티잰은 시나몬, 오렌지, 마늘의 복합적인 향미를 지녀 매우 신이 난다. 단번에 공중제비를 도는 기분이 들 것이다

허니 허니(Honey Honey)
달콤한 꿀, 바닐라, 꽃 향의 캔디와 구운 토스트를 블렌딩하여 향이 아주 풍부하고 흥미로운 티.

티잰 및 허브티

애플 크럼블(Apple Crumble)
뜨겁게 또는 차게 어느 경우이든지 마시기에 좋다.

뱀부(Bamboo)
맛이 훌륭하고 독특하다. 부드러운 꿀과 달콤한 완두콩의 맛이다.

본디(Bondi)
시드니를 상징하는 해변의 색채들을 상상해 보라.

코코아 로코(Cocoa Loco)
이 티는 죄의식도 없이 초콜릿을 즐기게 해 준다.

크리미 촉 차이 (Creamy Choc Chai)
풍부한 초콜릿 맛이 부드러운 크림 맛으로 마무리된다.

딜리셔슬리 드리미 (Deliciously Dreamy)
멋진 열대 지방의 저녁을 꿈꿔 보라.

프루탤리셔스(Fruitalicious)
크랜베리, 블루베리, 드래곤프루트, 구기자의 맛이 감질나게 뒤섞어 당신의 미각을 일깨울 것이다.

곤 서핑(Gone Surfing)
허브와 다른 식물의 완화 작용으로 마음을 가라앉히거나 활력을 준다.

인디언 스파이스(Indian Spice)
후추와 생강의 매콤한 조합으로 마음을 맑게 하고 몸을 따뜻하게 하며 활기를 불러일으킨다.

저스트 캐모마일(Just Chamomile)
마음이 상쾌해지고 가라앉으며 매혹된다. 긴장을 풀어 주는 고전적인 고급 티.

저스트 시나몬 (Just Cinnamon)
이 이국적인 묘약을 향신료로 사용해 보라. 달콤하고 짭짤하며 관능적인 해방감.

저스트 페퍼민트 (Just Peppermint)
페퍼민트의 향이 강하여 깔끔하고 신선하면서 활기차서 물가와 같이 시원한 느낌을 자아낸다.

민트 믹스(Mint Mix)
페퍼민트, 스피어민트, 그리고 상쾌한 레몬밤(lemonbalm)이 블렌딩되어 맛있는 소화제의 음료이다.

레드 팬시 프루트 (Red Fancy Fruit)
여름철 꽃잎과 톡 쏘는 과일의 향기가 나는 루이보스. 부드러운 크림색의 티로 오늘날 인기가 매우 높다.

슬리프 타이트(Sleep Tight)
좋은 꿈을 꾸려면 자기 전에 부드러운 레몬의 맛과 달콤한 꽃향기를 자아내는 이 허브티를 마셔 보라.

저스트 진저(Just Ginger)
매콤하고 향긋하면서 감칠맛 나는 이 티는 실크로드의 향미를 현대화시켰다.

저스트 로즈(Just Rose)
이 꽃향의 티잰은 보기에도 좋고 맛도 좋으며, 비타민 C도 풍부하다.

우롱 베리(Oolong Berry)
라즈베리는 세계에서 가장 완벽한 식품의 하나로 알려져 있다. 이 티도 똑같이 높은 지위에 있다는 것을 의미하리라 생각한다. 아름다운 진홍색의 라즈베리가 연녹색의 우롱차와 블렌딩되어 향긋하고도 진하지만 미묘한 풍미를 자아낸다.

레드 그린 앤드 드리미 (Red Green and Dreamy)
복숭아, 자두, 싱싱한 베리류 등 여름철 과일의 놀라운 향기를 지닌 그린 루이보스.

서던 선라이즈 (Southern Sunrise)
과일의 향기가 풍기는 이 티에 화이트 히비스커스, 레몬그라스, 그레이프프루트 등이 생기를 불어넣는다. 호주의 여름을 염두에 두고 디자인된 이 티잰은 울적한 기분을 날려 버릴 것이다. 묘한 향미를 자아내는 이 티잰은 뜨겁게 마시기도 하고, 싱싱한 오렌지 레몬 조각을 넣고 얼음을 띄워 차게 마실 수도 있다.

저스트 히비스커스 (Just Hibiscus)
히비스커스꽃의 중심부에서 수확한 것으로 만든 티잰. 맛이 훌륭하여 다용도로 사용된다. 자메이카 사람들은 히비스커스를 생강과 럼과 함께 우린 뒤 얼음을 띄워 마신다.

래밍턴(Lamington)
달콤한 초콜릿 맛이 뚜렷하면서 홍차의 강렬한 향미 속에서 코코넛 기미가 드러난다.

우롱 초콜릿 차이 (Oolong Chocolate Chai)
초콜릿, 시나몬, 생강, 우롱차의 조합에 후추가 가미되어 있다. 달콤하고 선명하며 매콤한 향미는 몸에 원기를 북돋운다.

라이어터스 로즈 (Riotous Rose)
장미, 레드베리, 라즈베리, 오렌지 등의 향기와 캔디처럼 달콤한 냄새를 자아내는 이 티는 입속을 어지럽히는가 하면 낭만적인 느낌을 불러일으킨다.

스트로베리 앤드 크림 (Strawberries and Cream)
부드러운 요구르트와 여름철 베리류를 블렌딩한 숙성된 티. 디저트를 좋아하는 사람에게는 기쁨의 선물이다.

저스트 재스민(Just Jasmine)
지속적인 향기로 인해 한 모금씩 계속해서 입에 들어간다.

리코리스 레그스 (Liquorice Legs)
소화를 돕고 긴장을 줄이는 달콤한 리코리스(감초)가 페퍼민트와 함께 블렌딩되어 효과를 발휘한다.

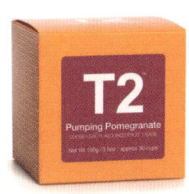

펌핑 파미그래닛 (Pumping Pomegranate)
터키의 대형 시장에서 사랑을 받는 이 티잰은 석류, 히비스커스, 사과 조각, 찔레나뭇과 열매 등의 향미를 풍긴다.

루비 레드 로즈힙 (Ruby Red Rosehip)
찔레나무 열매, 장미, 히비스커스 등이 풍부하게 블렌딩된 이 붉은색의 티는 마음을 안정시킨다.

스위트 드림(Sweet Dreams)
이 티로 달콤한 꿈을 꿀 수 있다. 평온을 자아내는 이 티를 마신 뒤 마음껏 숨을 쉬면 아무리 힘든 날이라도 이겨 낼 수 있다. 캐모마일, 사과, 실버라임, 라벤더 등이 마시는 사람을 어느새 꿈속으로 인도할 것이다.

저스트 라벤더(Just Lavender)
가벼우면서도 자극적인 꽃향기를 내는 티. 긴장감을 풀거나 올리는 데 안성맞춤.

룽칭 클래식 (Lung Ching Classic)
저장성(浙江省)에서 산출되는 인기 만점의 중국 녹차. 밝고 선명한 녹색의 찻잎에 견과류와 향긋한 맛이 느껴진다.

T2, 모든 사람들이 즐기는 한 잔의 티!

티와 생활, 그리고 건강

PART 2

티는
일상의 휴식

나는 T2 사업을 시작하기 전에 티에 대하여 많이 알고 있다고 생각하였지만, 실제로는 아는 것이 거의 없었다. 지난 20년 동안 나는 찻잎에 대해서뿐 아니라 티의 역사와 티를 향한 열정에 대해서도 많이 배웠다. 그리고 T2 사업을 통해 티 애호가의 세계로 끌려갔다.

T2에서는 티가 일종의 생활 방식이라는 것을 알려 준다. 우리는 티를 단순히 한 잔의 음료로 마시는 것이 아니라 티를 항상 하나의 의식으로 대하는 것이다.

나는 티를 끓이려고 할 때 먼저 내 기분에 어떤 티가 어울릴지에 대해 생각한다. 또는 손님이 있다면 그들이 지금 어떤 기분인지를 생각한다. 그런 다음에는 찻잔 등 다기를 고른다. 그것이 내게는 티 자체보다 중요하다.

여러분도 상상할지 모르지만, 내가 수집한 찻주전자는 매우 많다. 사실 100여 개에 이른다! 각각의 찻주전자마다 독특하며, 어느 하나에도 사연이 깃들어 있다. 찻잔, 잔 받침, 머그잔 등의 컬렉션도 마찬가지로 다양하지만 서로 같은 것은 하나도 없다. 내가 의도적으로 그랬던 것이 아니라 단지 그런 식으로 전개되어 나갔던 것이다. 이것은 바로 여러분이 우리 점포에서 보게 될 것이기도 하다. 우리의 다기 컬렉션은 절충적이지만, 항상 서로 잘 어울리는 것 같다.

사람들에 따라서 찻잎을 가지고 티를 끓일 때마다 그 맛이 다르다. 그만큼 변화가 많기 때문이다. 맛은 티를 끓이는 시간의 길이, 사용하는 찻잎의 양, 사용하는 물의 수질과 온도 등에 따라 달라질 것이다.

새로 씻은 찻잔으로 마시는 최초의 한 모금은 바쁜 하루의 찰나적인 휴식이다. 찻잔을 입술로 집어 올리는 동안 그 향기를 들이마시고, 천천히 그리고 가만히 조금씩 홀짝거리면서 그 맛의 효과가 드러나기를 기다린다. 그 맛은 언제나 다르지만, 언제나 좋다. ■

티에 잘 어울리는 요소들…

티를 고를 때는 하루 중 어느 때인지, 무엇을 하고 있거나 무엇을 먹고 있는지, 어떤 기분을 느끼는지, 그리고 개인의 심미안…… 등등 많은 요인이 작용한다. 그래서 우리는 모든 기분이나 모든 상황에 어울리는 티를 고르는 것을 돕고자 한다. 깜짝 놀라면서 즐겨 보자!

PART 2. 티와 생활, 그리고 건강

식품

고기
보이, 기문(Keemun, 祁門), 동방미인(오리엔탈 뷰티), 아이리시 브렉퍼스트

풍미가 강한 고기에는 홍차와 블랙 우롱차가 멋진 조화를 이룬다. 과식한 경우라면 보이차의 깨끗하고 소박한 풍미가 환상적이다.

어패류
교쿠로, 동정우롱(凍頂烏龍, Dong Ding Oolong), 우롱 포머서, 그랜드 윈난

다육질의 바닷가재, 부드러운 생선회, 훈제 어류 가운데 어느 것을 먹더라도 이들 티가 잘 어울릴 것이다.

향신료
정산소종(랍상소총), 아삼, 굿 애프터눈, 기문

매운 요리에는 향신료의 진한 맛에 대적할 강한 티가 필요하다.

치즈
다르질링, 용정(룽징), 저패니즈 지엠시 센차, 단총우롱

치즈에는 와인이 어울린다고 생각하는 사람이 많지만, 티에 의해서도 마찬가지로 치즈의 맛이 더 강해질 수 있다!

단것
아삼, 영홍금호(寧紅金毫) 오렌지 페코, 부다스 티어스

초콜릿이 듬뿍 들어간 디저트의 단맛을 파고드는 진한 향미의 티로부터 달콤한 재스민 녹차로 대표되는 좀 더 미묘한 티에 이르기까지 단것과 티는 예로부터 잘 어울린다.

샐러드
용정(룽징), 굿 이브닝, 저패니즈 지엠시 센차, 다르질링

대부분의 샐러드는 녹차와 정말 잘 어울린다. 강한 풍미를 지닌 샐러드의 경우에는 다르질링과 같은 미묘한 맛의 홍차를 곁들이는 것이 좋다.

기분

우울할 때
촉 칩 차이(Choc Chip Chai)

숙취 상태
맛차 라테(Matcha Latte)

정신없이 바쁜 날
**푸얼 블루 레몬
(Pu-erh Blue Lemon)**

백일몽에 빠져 있을 때
바닐라 민트

해변에 나간 날
곤 서핑(Gone Surfing)

아무런 감정이 없을 때
잉글리시 브렉퍼스트

멍한 기분일 때
저패니즈 지엠시 센차

의심스러울 때
아이리시 브렉퍼스트

사랑에 빠졌을 때
**칠리 키스
(Chilli Kiss)**

걱정이 가득할 때
화이트 화이트 코코아

더 지적으로 보여야 할 때
다르질링 퍼스트 플러시

한가한 아침에
신문을 읽을 때
영홍금호(寧紅金毫)

결정을 내리지 못할 때
블랙 로즈

몸을 숨기고 싶을 때
멜버른 브렉퍼스트

더없이 행복을 느낄 때
오거닉 차이(Organic Chai)

혼자만 술을 마시지 못하는 파티에서
우롱 베리

밤늦게 공부할 때
맛차

PART 2. 티와 생활, 그리고 건강

티 시간표

벽라춘(비뤄춘)

슬리프 타이트

동정우롱(동딩우롱)

라벤더 럴러바이
(Lavender Lullaby)

브릴리언트(Brilliant)

코코아 로코

물론 티는 마시고 싶을 때
언제나 마실 수 있지만, T2의 일부 티는
특히 시각에 따라 어울리는 것이 따로 있다.
기분을 나아지게 하는 것,
마음을 진정시키는 것,
밤에 숙면을 취하게 하는 것 등이다.

그랜드 윈난

리커리스 레그스

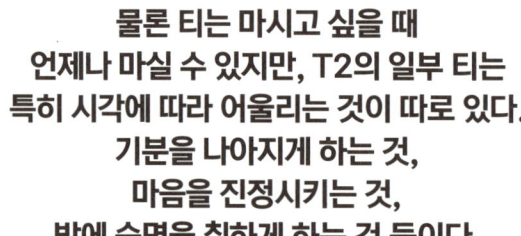
프렌치 얼 그레이

그린 로즈

곤 서핑

화이트 로즈

무엇일까요?

가) 고양이
나) 나무
다) 키스하는 물고기 두 마리
라) 나비
마) 마카롱

가) 고양이로 보이는 사람은 섬세하고 감성적으로, '녹차 티피크닉'를 마시는 것이 좋다.
나) 나무로 보이는 사람은 생각이 많고 안정을 좋아한다. '레드 그린 드리미(Red Green Dreamy)'를 마시자.
다) 키스하는 물고기 두 마리로 보이는 사람은 다정하고 사랑을 중요하게 여기며, 칠리 키스(Chilli Kiss)를 마시자.
라) 나비로 보이는 사람은 자유롭고 창의적이며 상상력이 풍부하다. 센차 스프링클스(Sencha Sprinkles) 등 마시자.
마) 마카롱으로 보이는 사람은 매사 긍정적이고 에너지가 넘치는 스타일이며 배가 고플 때에 따뜻한 차를 마시자.

PART 2. 티와 생활, 그리고 건강

의자

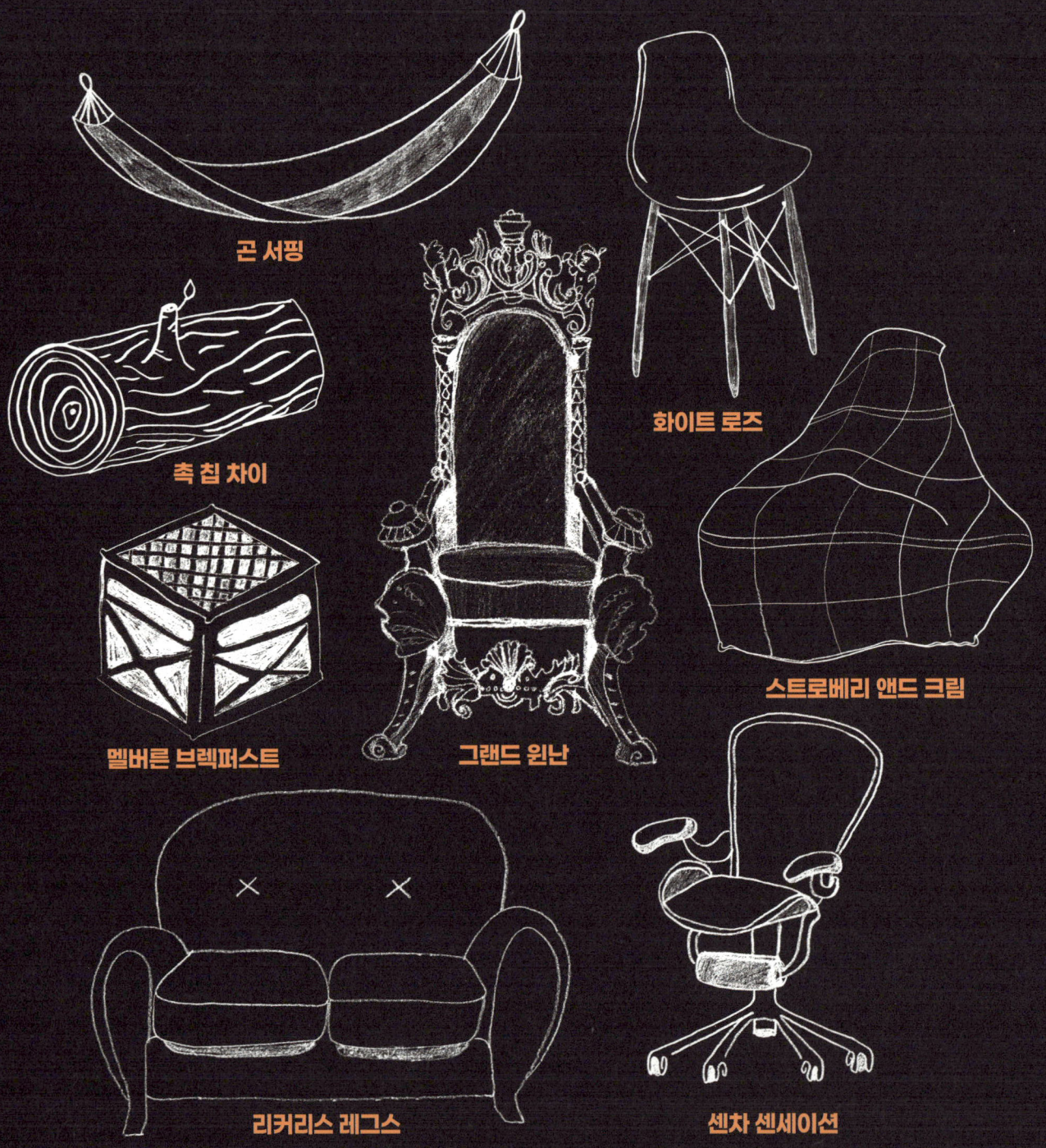

안경

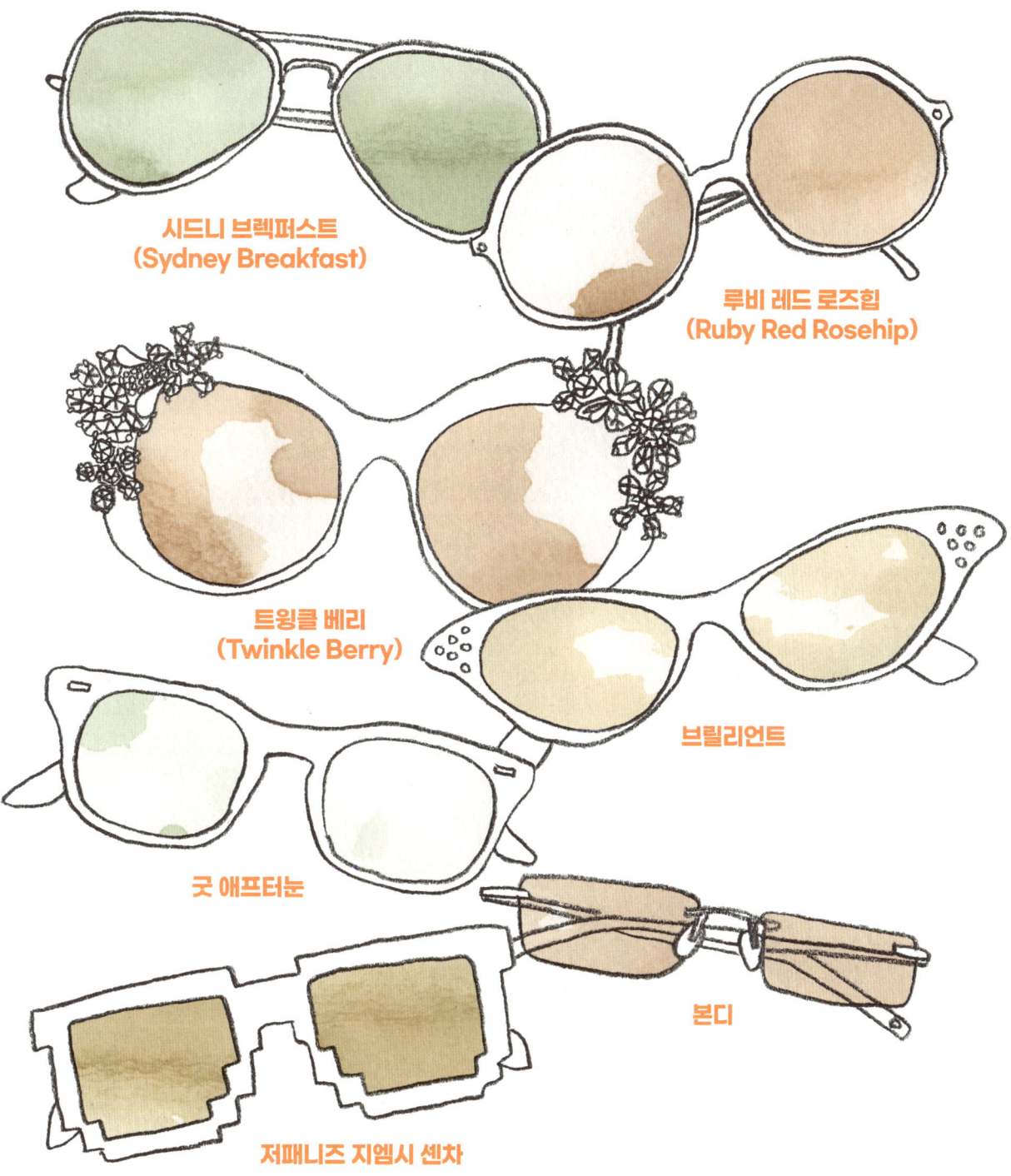

**시드니 브렉퍼스트
(Sydney Breakfast)**

**루비 레드 로즈힙
(Ruby Red Rosehip)**

**트윙클 베리
(Twinkle Berry)**

브릴리언트

굿 애프터눈

본디

저패니즈 지엠시 센차

헤어스타일

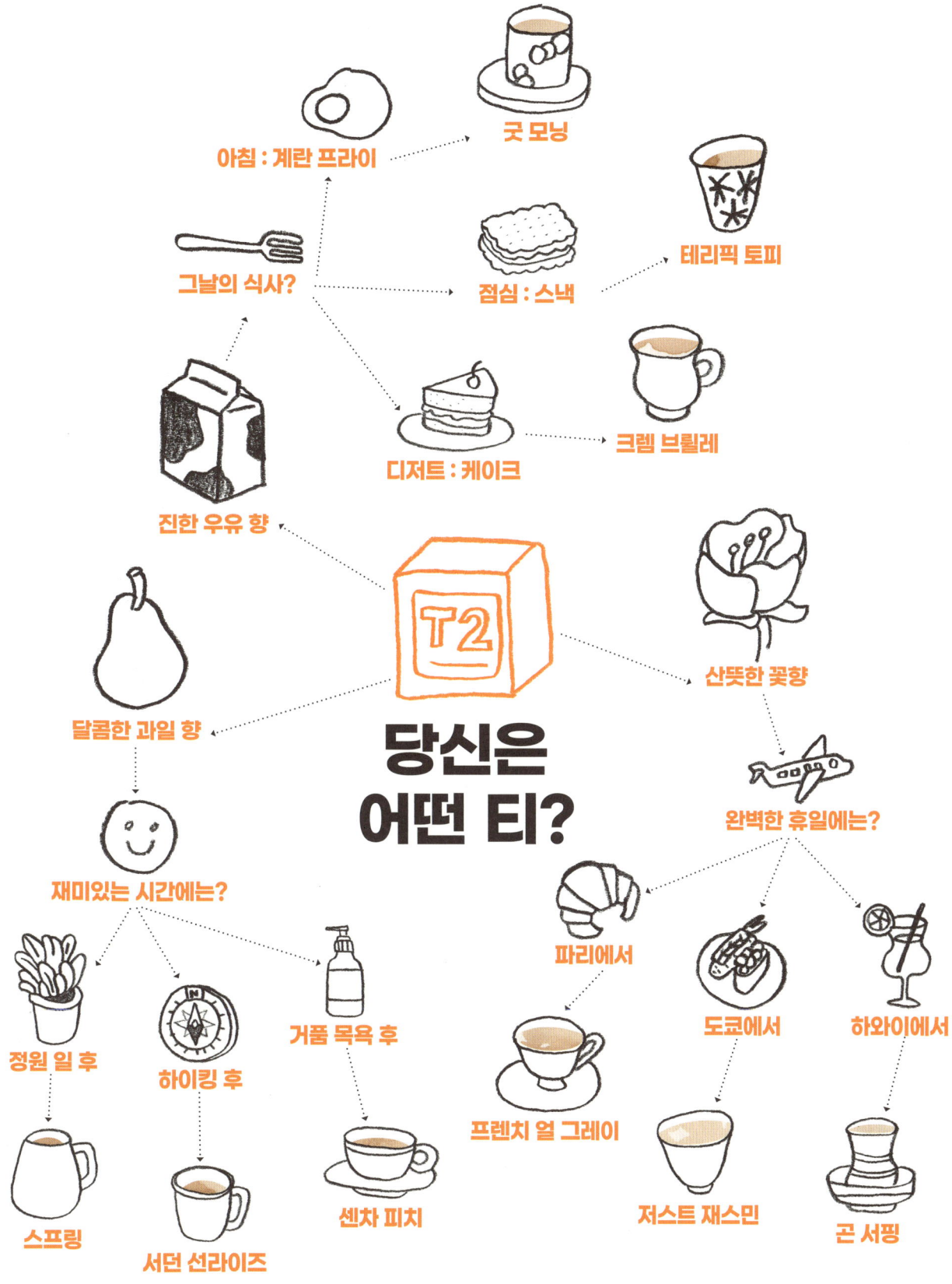

PART 2. 티와 생활, 그리고 건강

티의 준비 의식

한 잔의 티가 만들어질 때마다 그것은 자그마한 의식이라 생각된다. 찻잎 위에 끓인 물을 붓고 잠시 기다리면서 그것이 우러나기를 기다린다. 바로 명상의 순간이다.

나라마다 티를 끓이는 방식이 다르고, 저마다의 티 의식이 베풀어진다. 일본인들은 그들의 전통적인 차회 의식인 '차노유'가 티에 관한 것일 뿐 아니라 '인생의 예술에 관한 종교 행사'라 생각한다.

일본의 승려이면서 위대한 티 대가인 센노리큐(千利休, 1522~1591)는 차노유의 요소에 관한 어느 제자의 질문을 받고 이렇게 대답했다고 한다.

(쉿……)
티와 함께 명상에 빠져 보자!

맛있는 차를 만들어라
물을 끓이기 위해 숯을 놓고
들판에 핀 것처럼 꽃을 배열하라
여름에는 시원함을 자아내고
겨울에는 온기를 자아내도록 하라
모든 것을 예상하고
비가 오는 것을 대비하라
그리고 손님마다 세심한 주의를 기울여라.

중국의 '차도(茶道)'는 도교, 불교, 유교의 영향을 받았다. 오늘날 중국에서는 자주 '공부(工夫)' 방식을 사용해 티를 끓인다. 이 방식은 훈련을 통한 기술, 즉 재능보다 반복 훈련을 통해 습득된 기법을 말한다.

공부 방식에서는 모든 것이 작고 섬세하며 티의 우아함을 강조한다. 여기서는 우롱차가 선호된다. 찻잎이 우러나면서 풍미가 강해지도록 반복적으로 물에 우린다. 티를 마신 뒤에는 탁자 위에 놓인 냅킨을 깔끔하게 접음으로써 나쁜 기(생명력)를 몰아내는 것이 매우 중요하다. 중국 남부에서는 흔히 가운데 세 손가락으로 탁자를 두들김으로써 티를 제공해 준 사람에게 감사의 마음을 표시한다.

한국에서는 티를 마시는 것이 내면의 각성 수준을 높이는 영적인 행동으로 간주된다. 승려들은 명상의 도움을 얻기 위해 티를 마시며, 날마다 세 번씩 부처에게 티를 공양한다. 호주에서 자랐던 어린 시절 나는 주전자가 항상 불 위에 올려진 것을 기억하며, 하루 종일 티를 마셨던 것 같다. 우리의 티 모임은 단순한 것이었다. 스토브 위에 올린 물주전자, 탁자 위의 란추(Lan-choo) 티 박스, 그리고 우유병과 백설탕이 전부였다. 때때로 백설탕을 세 조각 넣었다. 돌이켜보면 이것은 달고 우유가 많이 든 티였기 때문에 티의 참맛을 거의 느끼지 못하였지만 그것은 큰 문제가 아니었다. 나는 어머니, 유모와 함께 잠깐 쉬면서 조금씩 마시기만 했다. 아름다운 추억들이다.

세계의 티

중국

중국의 티 의식은 맛, 냄새, 그리고 한 잔과 그 다음 잔 사이의 일관성 등 티 그 자체에 관한 것이다. 처음 우려내는 티는 찻잎을 물에 적신 뒤 1분이 지나기 전에 원을 그리는 것 같은 동작으로 여러 잔에 차례로 따른다. 그렇게 하면 모든 잔에 든 티의 맛이 똑같아진다. 티는 우려낸 뒤 두 번째 찻주전자에 부어 두었다 한가할 때 마실 수도 있다. 첫 번째 찻주전자는 5회 정도 다시 우려내 마실 수 있다. 매 회마다 시간을 조금씩 더 오래 끓인다. 우롱차가 가장 흔히 사용된다.

홍콩

홍콩의 거리에 있는 티 숍에서는 티와 함께 작은 경단을 내놓는 경우가 많았는데, 이제 이들 둘은 불가분의 것이 되었다.
그곳 사람들은 티와 딤섬으로 하루를 시작하며, 대화를 나누면서 신문을 읽는다.
그 식사를 '음차(飮茶)'라고 한다. 바로 '차를 마신다'는 뜻이다.
홍차, 연유, 설탕을 사용한 홍콩식 밀크 티는 그곳에서 매우 인기 높다.

인도

인도의 티인 차이는 인도에서도 가장 인기 있는 음료이다. 어디를 가든지 가판대에서 우유, 설탕, 향신료와 함께 차이를 끓여 내는 사람인 '차이 왈라(chai wallah)'를 볼 수 있다. 차이는 원래 향신료만으로 만들었지만, 영국인이 1800년대에 차나무가 야생으로 자라고 있던 것을 발견한 뒤부터 티가 차이에 곁들여졌다. 차이는 전통적으로 테라코타로 만든 작은 잔에 담아 제공되었으며, 이들 테라코타 잔은 차이를 마신 뒤에는 바닥에 내던졌다. 그러나 오늘날에는 이 테라코타 잔이 플라스틱, 철, 유리로 만든 잔으로 대체되었다.

일본

일본의 차회 의식인 '차노유'는 아주 복잡한 절차로 진행된다. 그것은 고도의 연출이 이루어지는 예술로서 체화하려면 여러 해 동안의 공부와 훈련이 필요하다. 차노유는 특정 차실에서 열리며, 두루마리로부터 다기에 이르기까지 사용되는 모든 요소를 신중하게 고려한다. 가루 녹차인 맛차를 준비하고, 일본의 전통 의상을 입어야 한다. 이에 반해 센차도(煎茶道, senchado)는 비교적 간소하다. 벽에 거는 두루마리는 여전히 있지만, 꽃꽂이와 간단한 화과자를 곁들인다. 평상복을 입을 수 있고, 센차(煎茶)가 준비된다.

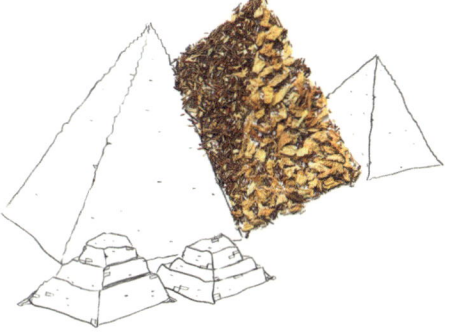

이집트

티는 이집트에서 국민 음료이며, 이집트인들은 설탕을 최대 6티스푼이나(!) 넣는 등 매우 달게 마시는 경향이 있다. 박하도 보통 첨가한다.

PART 2. **티와 생활, 그리고 건강**

영국

티는 영국에서 인기가 높으며, 여러 세기에 걸쳐 음용되었다. 처음에는 남성들이 커피하우스에서 마셨고, 여성들은 가정에서 티 타임을 열었다. 제7대 베드퍼드 공작부인 애나(Anna)가 저녁 식사를 할 때까지 견디기 위해 티와 함께 버터 바른 빵과 케이크를 먹음으로써 1840년대에 '애프터눈 티'를 유행시켰다. 전통적인 애프터눈 티는 맛있는 핑거 샌드위치로부터 시삭해 스콘(scone)으로 이어지고, 이어 온갖 케이크가 나온 뒤 최고급 도자기에 담긴 티로 마무리된다. 손가락을 모두 사용해 잔의 손잡이를 잡고 절대로 새끼손가락을 내뻗지 않는 것이 에티켓이다.

미국

호주에서는 아이스티가 비교적 생소하지만, 미국, 특히 남부에서는 오랜 역사가 있다. 19세기 초에 만들어진 최초의 아이스티는 녹차, 설탕, 술을 사용해 만든 펀치(punch)였다. 20세기에 접어들어 홍차를 쉽게 구할 수 있게 되자, 그것이 아이스티의 가장 흔한 베이스 티인 녹차를 대체하였다. 오늘날 아이스티는 매우 다양한 형태와 종류로 만들어지고 있다.

모로코

모로코에서 티를 낼 때는 먼저 향을 피워 공기와 정신을 맑게 한 뒤 손을 씻고 티를 따른다. 설탕으로 달게 한 박하 잎과 녹차로 만든 민트 티를 하루에도 여러 차례에 걸쳐 마신다. 거품이 생기도록 민트 티를 항상 높은 곳에서 잔에 따르며, 그러면 티의 표면에 거품이 일렁거린다.

러시아

전통적인 러시아의 티 파티는 독특한 형태의 찻주전자인 사모바르(samovar) 주위에서 이루어진다. 사모바르의 몸통에 물을 넣고 석탄 위에서 끓인다. 오늘날에는 가열 기구가 내장되어 있다. 꼭지에서 물이 나오며, 꼭대기에 찻주전자를 올려놓을 수 있다. 티는 종종 손잡이가 달린 유리잔에 담아 금속재의 장식용 케이스로 감싸 내기도 한다.

호주

호주의 대표적인 티는 캠프파이어 위에 올린 주전자로 물을 끓인 뒤 홍차와 유칼립투스 잎을 넣어 만든다. 그 방식은 식민지 시대로부터 전해져 왔으며, 「왈칭 마틸다(Waltzing Matilda)」의 노래로 잘 알려져 있다.

PART 2. 티와 생활, 그리고 건강

오늘날의 T2

슈퍼 푸드, 티

글 : 캐서린 색설비(Catherine Saxelby)
영양 및 다이어트 전문가

티를 마시는 것이 건강에 좋다는 사실은 오래전부터 인정을 받아 왔다. 티는 통칭하여 플라보노이드로 알려진 강력한 항산화제의 자연적 근원이다. 플라보노이드는 폴리페놀류(양파, 과일, 차나무, 코코아, 포도를 포함하는 채소에 들어 있는 생리 활성 화합물)에 속한다. 티에 든 플라보노이드의 함유량과 종류는 티의 종류와 찻잎의 양, 그리고 티를 우리는 시간에 따라 달라진다.

백차, 녹차, 홍차, 우롱차는 모두 똑같은 차나무라는 관목에서 나온다. 그 차이는 찻잎을 딴 뒤 이루어지는 가공 과정(전통적으로 '발효' 또는 '산화'로 불리고 있다)에서 생긴다. 녹차의 잎은 산화가 억제되기 때문에 카테킨(catechin)이라고 알려진 티의 플라보노이드가 대부분 남아 있다. 홍차의 잎은 완전 산화 과정을 거치기 때문에 색깔이 진한 황갈색으로 바뀌며, 담백한 카테킨이 '테아플라빈(theaflavin)'과 '테아루비긴(thearubigin)'이라는 더 길고 더 복잡한 형태로 바뀐다. 우롱차는 부분 산화차로서 그 둘의 중간에 해당된다.

티는 심장에 좋다

티를 규칙적으로 마시면 심장을 건강한 상태로 유지할 수 있다. 조사 연구에 의하면 하루에 세 잔의 티를 마시면 플라보노이드 덕분에 심장마비의 위험이 11%나 감소된다고 한다. 이 성분이 혈전(심장마비의 초기 요인)의 정도를 낮추고 동맥을 유연하게 하여 혈류를 자유롭게 함으로써 염증을 감소시켜 심장의 건강을 유지하는 것이다. 티에 우유나 레몬을 더해도 효능에 차이가 없다.

티는 긴장을 완화시키고 활기를 준다

티는 커피를 마실 때 느낄 수 있는 아드레날린의 가벼운 자극성 없이 긴장을 완화시키고 상쾌함을 자아내는 능력으로 오랫동안 좋은 평가를 받아 왔다. 과학자들은 오늘날 천연 아미노산인 테아닌(theanine)이 티 카페인인 테인(theine)과 작용하여 정신이 산만해질 경우에도 집중할 수 있게 해 주는 작용이 있기 때문이라고 보고 있다.

건전한 해갈 음료

티는 물 다음으로 세계에서 가장 널리 마시는 음료이므로 그것을 마시는 것이 갈증을 해소하는 새로운 방식이라는 것은 놀라운 일도 아니다. 티는 물이 들어 있는 액체로서, 하루에 마시도록 권장되는 2리터의 물 가운데 일부가 된다. 우유나 설탕을 타지 않고 마신다면 티에는 전혀 열량이 없다.

티와 카페인

티에는 카페인이 들어 있지만 커피보다는 농도가 훨씬 낮다. 예컨대 일반적인 홍차 한 잔에는 인스턴트커피 한 잔의 카페인(60~100밀리그램)보다 절반에 못 미치는 양(약 10~50밀리그램)이 들어 있다.

티와 커피의 카페인 수준을 일치시키면 티를 마시는 사람의 경우 각성 효과가 더욱 일관성이 있다는 연구 결과도 있다. 그것은 티에 들어 있는 아미노산류인 테아닌이 카페인과 더불어 상승효과를 내기 때문이라고 한다.

카페인을 과다하게 섭취하면 신체의 수분을 빼앗기는 것이 사실이지만, 이런 일이 일어나려면 앉은 자리에서 대여섯 잔의 티를 마셔야 한다. 또 영양 전문가들은 카페인 음료를 규칙적으로 마시는 사람이라면 그에 대한 내성까지 생기는 경우도 종종 있기 때문에 처음에 나타나는 이뇨 효과가 사라진다는 것도 이제는 알려져 있다.

심장
심장 건강 유지
홍차에 함유된 플라보노이드는 동맥 내벽의 기능을 돕는 효능이 있어 동맥경화를 줄이는 데 기여하는 것 같다. 이것은 심혈관의 건강에 도움이 된다는 뜻이다.

피부
피부 보호
녹차는 자외선이 유발하는 DNA의 손상으로부터 피부를 보호한다. 피부의 염증, 세포 증식, 종양 프로모터 등을 감소시키기도 한다. 또 햇볕에 의한 피부 손상과 노화를 늦춘다.

혈관
혈관 유연화
과학자들은 티 속의 플라보노이드가 혈관을 이완시킴으로써 혈관을 유연하게 하여 혈행이 원활하게 하는 효능이 있다고 보고 있다.

뇌
인지력 개선
티는 테인과 테아닌 성분, 그리고 수화 작용을 통해 인지력(사고력)을 개선한다.

뇌졸중 위험 감소
하루에 2~4잔씩 티를 마시면 뇌졸중의 위험을 10~20퍼센트 정도 감소시킨다고 알려져 있다.

콩팥
콩팥 기능 유지
모든 종류의 티는 특히 무겁고 습한 기후에서나 땀을 많이 흘릴 때 콩팥을 통해 수분을 많이 배설시킨다.

복부/위
복부 체지방 분해
녹차는 지방 분해의 속도를 높여 내장의 체지방 감소에 도움이 된다. 비만인 사람의 대사 증후군을 개선시키기도 한다. 허브티는 소화를 돕고 위의 메스꺼움을 안정시킨다.

'티'는 '약'보다 맛이 더 훌륭하다

두통

곤 서핑, 나이티 나이트(Nighty Night)
캐모마일 티를 마셔 보자. 마음을 평안하게 하여 두통을 완화하는 데 도움이 된다. 또는 쥐오줌풀(valerian)의 뿌리, 라벤더, 또는 박하와 관계있는 꿀풀과의 스컬캡(skullcap)-황금(黃芩)이라고도 한다-과 블렌딩한 캐모마일 티도 좋다. 이들 식물은 모두 이완제로 쓰이며, 근심을 줄이는 데 도움이 된다.

소화 불량

민트 믹스(Mint Mix), 수드(Soothe), 터미 티(Tummy Tea)
페퍼민트 티나 스피어민트 티는 소화를 돕고, 배탈이 나거나 과음, 과식한 위를 진정시킨다.

불면증

슬리프 타이트(Sleep Tight)
캐모마일은 부드러운 진정 효능과 긴장을 완화시키는 효능으로 잘 알려져 있다. 레몬 버베나(lemon verbena)도 수면을 촉진한다. 허브로 만든 티잰과 루이보스는 카페인이 들어 있지 않기 때문에 저녁에 마시기에 가장 좋다.

멀미

저스트 진저, 레몬그라스 앤드 진저
생강은 멀미를 극복하는 데 효능이 있으며, 오래전부터 임신 때 아침의 입덧과 멀미 때 복용이 권장되었다.

코감기

저스트 캐모마일
한 움큼의 캐모마일 꽃을 큰 대접 속에 넣고 끓는 물을 부어 약 5분 동안 우려내면서 그 증기를 들이마신다. 수프와 마찬가지로 뜨거운 티도 콧물을 묽게 하여 기침을 하거나 코를 풀기 쉽게 하는 데 도움이 된다고 여겨진다.

숙취

디톡스(Detox)
엘더플라워(Elderflower)로 만든 티를 가끔 숙취 해소용으로 마시기도 한다. 묽게 우려낸 티는 어느 것이라도 마시기 쉬운 방식으로 수분을 공급해 준다. 이는 과음의 주된 부작용인 탈수를 예방하는 데 큰 효능이 있다.

피로

그랜드 윈난, 다르질링, 그린 로즈
천연 아미노산류인 테아닌, 폴리페놀류의 항산화제, 카페인이 함유된 홍차와 녹차를 규칙적으로 마시면 분주한 하루를 보낸 뒤 활력을 되찾을 수 있다. 홍차와 녹차의 인기가 지속되는 것은 바로 그 때문이기도 하다.

일광 화상

잉글리시 브렉퍼스트
진하게 끓여 차게 식힌 홍차에 천을 적셔서 화상을 입은 부분에 대면, 통증을 완화하는 데 도움이 되고 피부의 손상도 최소화한다.

티는
기분을
더 좋게
한대!

PART 3
티 푸드

티를 넣은 요리

T2 본점의 사람들은 모두가 티와 모든 음식을 함께 먹을 수 있다는 데 한마음, 한뜻을 지니고 있다. 가끔 우리는 각자 자신이 좋아하는 짭짤하거나 달콤한 음식을 가지고 와서 회의실 탁자 위에 모두 올려놓고 점심으로 나누어 먹기도 한다. 이때는 잡담을 나누면서 잠시 쉴 수 있는 좋은 시간이다. 최근 우리는 그 생활 습관에 약간 변화를 주었는데, 아예 모든 음식에 티를 넣고 조리해 먹기로 정하였다!

티를 넣고 조리한 적이 단 한 번도 없는 사람이라면, 티의 미묘한 맛이 여러 가지 요리와 아주 잘 어울리는 사실을 알고 깜짝 놀랄지도 모른다. 티는 단맛이 매우 강한 것이나 매우 짠 것과도 조화를 이루지만, 또한 잼, 비스킷, 아이스크림 등의 맛을 강화해 주기도 한다.

어류나 육류를 조리하기 전에 티를 살짝 뿌리면 질감과 풍미를 더해 준다. '녹차'는 특히 '연어'와 잘 어울린다. '훈제 오리'의 풍부하고도 향기로운 맛을 더욱더 살리려면 훈연 홍차인 '정산소종'을 사용해 보자.

또한 과일 케이크의 맛을 약간 바꾸려면 티나 티잼 속에 건과일 조각을 넣어도 좋고, 여름날에는 자신이 좋아하는 과일 티로 만든 아이스 캔디로 더위를 물리칠 수도 있다.

티로 만든 가장 아름다운 음식의 하나는 푹 삶은 달걀을 껍데기를 벗긴 뒤 홍차, 향신료, 간장 속에 담근 중국의 '티에그(tea egg)'이다. 최근 인도 다르질링 지역의 어느 다원을 방문한 T2 팀 일원들은 갓 따낸 이 지역 찻잎을 사용해 조리한 음식인 '프리터(fritter)'를 맛보았다. 그들은 돌아온 뒤 모두 그 맛에 대해 극찬을 아끼지 않았다. 이것의 레시피는 크리스틴 맨필드(Christine Manfield)의 저서인 『인도의 맛(Tasting India)』를 참조하길 바란다.

맛차는 많은 사람이 좋아하는 티이다. 특히 맛보다 밝은 초록 색상 때문에 더 좋아한다. 맛으로 말할 것 같으면 강하고 쓰며, 카페인이 많다. 하지만 밝은 초록은 어느 색상에도 뒤지지 않으며, 아이스크림과도 매우 잘 어울린다. 맛차(또는 녹차) 아이스크림에는 상쾌한 맛을 더해 주기 위해 신선한 박하를 블렌딩할 수도 있다. 이 맛차는 음식의 조리에 매우 많이 사용된다. 따라서 사람들은 일상에서 어쩌면 녹차 케이크나 밝은 녹색의 마카롱, 심지어 녹차 킷캣(Kit Kat)과도 자주 마주칠지 모른다.

여기에서는 티와 음식의 페어링이 훌륭한 레시피들을 소개한다. 약간의 티를 사용하여 음식의 조리를 시작해 보기 바란다.

촉 칩 차이 데이트 로프
Chop chip chai date loaf

by 케이트 아일스(Kate Iles)

오븐에서 구워 뜨거울 때 바로 낸다(좋아한다면 버터를 듬뿍 발라도 좋다). 오후의 간식으로 제격이다. 장난스러운 느낌이 들면 반죽에 초콜릿 부스러기를 ½컵(95g) 더한다. 좋아한다면 차이 믹스를 사용해도 좋고, 오렌지 조각을 레몬 조각으로 대신할 수도 있다.

 *8인분*

- 촉 칩 차이 믹스 4주걱
- 끓는 물 1컵(250mL)
- 씨를 뺀 건대추 조각 2컵(280g)
- 중탄산소다 1티스푼
- 갈색 설탕 ¾컵(165g)
- 녹여 식힌 무염버터 150g
- 달걀 4개
- 바닐라 추출물 1½티스푼
- 강판에 가늘게 간 오렌지 조각 1티스푼
- 빻은 계피 ½티스푼
- 베이킹파우더를 넣은 밀가루 1¼컵(185g)
- 체를 친 가루 설탕(고명용)

1. 오븐을 170도까지 예열한다. 23×12cm 크기의 틀에 기름을 살짝 칠하고 황산지를 댄다.
2. 끓는 물에 차이 믹스를 넣고 3분 동안 우린다. 그 뒤 체로 여과시켜 액상의 차이만 따로 둔다. 이 액상의 차이, 대추, 중탄산소다를 작은 내열 그릇에 함께 넣고 10분 동안 내버려 둔다. 작은 푸드 프로세서로 옮기거나 막대 믹서를 사용해 부드러워질 때까지 휘젓는다.
3. 갈색 설탕, 버터, 달걀, 바닐라, 오렌지 조각, 계피 등을 별도의 그릇에 넣고 전기 믹서를 사용해 부드럽게 섞어 반죽한다.
4. 버터 반죽물(3) 위로 밀가루를 체로 걸러 내린 뒤 함께 섞는다. 여기에 대추 혼합물(2)를 넣고 다시 섞는다. 이것을 숟가락으로 뜬 뒤에 준비한 틀(1)에 넣고 40~50분 동안—빵 한가운데에 꽂은 꼬챙이가 반죽이 묻지 않고 깔끔하게 나올 때까지—굽는다. 틀 속에 둔 채 10분 동안 조금 식힌 뒤 선반 위에 놓는다.
5. 따뜻하거나 실온 정도에서 가루 설탕을 살짝 뿌린 뒤 제공한다.

루이보스 펌킨 바이트
Rooibos pumpkin bites

by 케이트 아일스(Kate Iles)

간식거리인 이 루이보스·호박 음식을 낼 때 주의할 점은 탁자 위에 놓는 도중에 집어먹지 않는 것이다.

 사이드 디시 : 4~6인분

- 살짝 두를 양의 올리브유
- 무염버터 60g
- 루이보스 잎 1테이블스푼
- 중간 크기의 호박 2개(으깬 것)
- 루이보스 잎 1½티스푼, 여분
- 고운 소금 1티스푼
- 갓 갈아 신선한 블랙페퍼

1 오븐을 220도까지 예열한 뒤 2개의 큰 구이판에 올리브유를 살짝 두른다.
2 작은 프라이팬을 약간 가열한 뒤 버터와 루이보스 잎을 넣는다. 버터가 녹아서 거품을 일으키면 프라이팬을 불에서 들어내고 덮개를 덮어서 10분 정도 내버려 두어 비터가 루이보스 잎에 스며들도록 한다. 체로 루이보스 잎을 걸러 내고 액상의 버터만 남긴다.
3 크고 예리한 칼을 사용하여 호박 줄기와 씨 없는 '목' 부분을 잘라 낸다(씨가 든 부분은 다른 용도로 남긴다). 호박의 목은 자른 부분을 아래로 하여 세우고, 껍질을 일곱이나 여덟 번 잘라 일종의 팔각형을 만든다. 목을 1cm 두께의 조각으로 자른 뒤 올리브유를 두른 구이판(1) 위에 약간의 간격을 두고 놓는다.
4 여분의 루이보스 잎을 다진다(이미 다졌다면 이 과정은 생략한다). 그 뒤 고운 소금과 섞는다. 루이보스 향미가 스며든 액상의 버터(2)를 호박 위에 바른 뒤 블랙페퍼와 절반의 고운 소금으로 간을 맞춘다. 약 25분 동안 아주 부드러워질 때까지 굽는다. 접시에 옮겨 나머지 고운 소금을 살짝 친다

랍상소총 티 에그
Lapsang souchong(正山小種) tea eggs
by 미셸 맥고프(*Michelle McGoff*)

오후의 간식, 아침의 간이식, 또는 라면과 함께 내는 이 티 에그는 보기에 좋을 뿐 아니라 맛도 훌륭하다.

 *8개분*

- 물 3컵(750mL)
- 간장 150mL
- 정제당 ½컵(110g)
- 스타아니스(팔각) 3개
- 시나몬 2개
- 굵은 귤피 4개
- 랍상소총(정산소종) 찻잎 1테이블스푼
- 달걀 8개

1. 물, 간장, 정제당, 스타아니스(팔각), 시나몬, 귤피를 큰 냄비에 함께 넣고 끓인다. 히터에서 들어낸 뒤 찻잎을 넣고 20분 동안 우린다.
2. 한편 큰 냄비에 찬물을 채우고 달걀을 넣어 삶는다. 4분 동안 삶은 뒤 구멍이 뚫린 큰 스푼을 사용하여 달걀을 떠서 찬물이 들어 있는 대접에 옮긴다. 그리고 손을 대도 뜨겁지 않을 정도로 내버려 두어 식힌다.
3. 숟가락 등을 사용해 식은 달걀(2)의 껍데기를 깨뜨려 금이 가도록 하되 껍데기를 제거하지 않는다. 이렇게 하면 마블링 효과를 자아낸다. 깨뜨린 자국이 깊을수록 마블링 효과는 더욱 짙어질 것이다. 티를 우려낸 소스(1)에 껍데기를 깨뜨린 달걀을(3) 넣고 끓인다. 가끔 저으면서 10분 정도 익힌 뒤 히터에서 들어낸다. 냄비에 덮개를 씌운 뒤 달걀을 하룻밤 동안 식혀 티를 우려낸 소스(1)가 스며들게 한다. 그 뒤 달걀을 껍데기를 벗기지 않은 채 밀폐 용기에 넣고 5일 동안 냉장한다.

티-스모키드 트라우트
Tea-smoked trout

by 니콜라 시민(*Nicola Shimmin*)

얇게 썰어 호밀 크래커 위에 얹어 내는, 티로 훈제한 자연산 송어는 해안에서 쌀쌀한 밤을 보내면서 모닥불을 피워 놓고 따뜻한 티를 손에 들고 있던 때를 상기시킨다.

 *6인분*

- 레드 얼 그레이 찻잎 2티스푼
- 끓는 물 2컵(500mL)
- 갓 채취한 벌집(또는 갈색 설탕) 1테이블스푼
- 훈제 파프리카 1티스푼
- 암염 1큰술
- 깨끗하게 손질한 자연산 브라운송어(brown trout) 통째로 1마리
- 랍상소충 찻잎 ½컵
- 메스키트나무(mesquite)와 오리나무 조각(훈제용)
- 호밀 크래커(곁들이용)

1 벌집(또는 갈색 설탕)을 넣고 끓인 물에 얼 그레이 찻잎을 더하고 10분간 우린다. 여과한 뒤 찻잎은 버리고 식힌다. 여기에 파프리카와 소금을 넣은 뒤 브라운송어에 붓고 무반응 용기(non-reactive container)에 넣어 둔다(꼭 덮개를 씌운다). 하룻밤 동안 냉장고에 넣어 간이 들게 한다.
2 다음 날이 되면, 메스키트나무·오리나무 조각으로 가열한 훈제 용구에 간이 든 브라운송어(1)를 씻어 랍상소충 찻잎과 함께 넣고 40~45분 동안 훈제한다. 뜨거운 상태로 상에 내거나 냉장고에 넣어 차게 한다. 얇게 저며서 호밀 크래커 위에 얹어 낸다. 남은 것으로는 훈제 송어 딥(dip)*을 만들어도 좋다.

*딥(dip) : 양념장처럼 음식을 찍어 먹는 소스.

녹차 아이스크림
Green tea ice cream

by 머젠타 버긴(*Margenta Burgin*)

냉동시킨 맛차 라테(*matcha latte*)처럼…
두 주걱의 양도 모자랄지 모른다!

 사이드 디시 : 4~6인

- 전유 1½컵(375mL)
- 농축 크림 1컵(250mL)
- 달걀노른자 5개
- 맛차 가루 2테이블스푼
- 정제당 ½컵(110g)
- 교쿠로 찻잎 ½티스푼(고명용)

1 전유와 농축 크림을 냄비에 넣고 중간 정도의 불로 거의 끓을 때까지 가열한 뒤 불에서 들어내 따로 둔다.
2 전기 믹서를 사용해 달걀노른자와 정제당을 섞는다. 정제당이 녹고 혼합물이 옅은 노란색이 되면 맛차 가루를 체로 걸러 넣어서 함께 잘 섞는다.
3 다시 전유와 농축 크림의 혼합 소스(1)를 낮은 온도로 가열하고 여기에 천천히 달걀노른자의 혼합물(2)을 더하면서 나무 숟가락으로 끊임없이 저으면 혼합물이 커스터드와도 같이 걸쭉해져 숟가락 등에 묻을 정도가 된다.
4 이 혼합물(3)을 대접에 옮긴 뒤 얼음물이 든 더 큰 대접 속에 놓아 식힌다. 그 뒤 얼음물에서 꺼내고 랩을 씌워 냉장고에서 2~3시간 냉동시킨다.
5 이 냉동 혼합물(4)을 아이스크림 제조기로 옮긴 뒤 제조업체의 지시 사항에 따라 휘젓는다.
6 완성된 아이스크림에 교쿠로 찻잎을 살짝 뿌려 낸다.

차이 쇼트브레드
Chai shortbread

by 알렉산드라 오크(*Alexandra Oke*)

파이 같은 예쁜 모양에 차이(chai)와도 같은 맛이 난다.

 *15개분*

- 버터 150g(실온에서 녹인다)
- 정제당 ⅔컵(150g)
- 바닐라 추출물 ½티스푼
- 일반 밀가루 2컵(300g)
- 소금 1자밤
- 차이 믹스(가늘게 간 것) 1테이블스푼
- 초콜릿 조각 1½컵(285g)

1 반죽용 큰 대접에 버터와 정제당을 넣고 가볍게 거품이 날 정도까지 섞어 크림을 만든다. 바닐라도 넣어 잘 섞는다.
2 다른 대접에서 밀가루, 소금, 차이 믹스를 섞고 교반기로 휘저어 거품을 낸다.
3 버터 혼합물(1)에 다른 건조 재료(2)들을 넣고 잘 섞는다. 반죽은 상당히 푸석푸석해져야 한다. 반죽을 길이 20cm의 통나무처럼 길게 만들고 랩을 씌워 굳어질 때까지 1시간 이상 냉장하거나 20분 동안 냉동시킨다.
4 오븐을 180도까지 예열하고 구이판에 황산지를 두른다.
5 칼날이 톱니 모양인 나이프를 사용하여 냉장 또는 냉동 반죽(3)을 1.5cm 두께의 원반처럼 자르고, 이것을 미리 준비해 둔 구이판(4) 위에 5cm 간격으로 올린다. 12분 동안 황금색으로 약간 노릇해질 때까지 구운 뒤 꺼내어 식힌다. 원한다면 오른쪽 사진에서 보는 것처럼 쿠키를 식기 전에 티백 모양으로 잘라도 좋다.
6 쿠키가 식고 있는 동안, 냄비로 약하게 끓이는 물 위에 방열 접시를 올리고 초콜릿 조각들을 넣는다. 초콜릿이 녹을 때까지 휘저어 주다가 접시를 찬 곳으로 옮긴다.
7 쿠키를 절반씩 초콜릿이 녹은 접시(6)에 담가 묻힌 뒤 틀에 옮겨 굳힌다.

뉴욕 브렉퍼스트 스티키 데이트 푸딩
New York breakfast sticky date pudding
by 스티븐 내시(Steven Nash)

뉴욕에서 아침 식사를 디저트로? 아니면 뉴욕 브렉퍼스트를 디저트로? 그 어느 것이든 모두 먹고 싶다!

 *8인분*

- 뉴욕 브렉퍼스트 찻잎 1테이블스푼
- 끓는 물 1컵(250mL)
- 씨를 빼고 자른 대추 1½컵(210g)
- 중탄산소다 1티스푼
- 버터(자른 것) 100g
- 갈색 설탕 ¾컵(165g)
- 달걀 2개
- 베이킹파우더가 든 밀가루 1컵(150g)
- 걸쭉한 크림(곁들이용)

토피(toffee) 소스
- 버터(자른 것) 150g
- 액상 크림 1컵(250mL)
- 갈색 설탕 1½컵(330g)

1. 오븐을 180도까지 예열하고 일반적인 머핀 굽는 틀의 홀 8개에 살짝 기름을 두른다.
2. 끓기 직전의 물에 3분 동안 찻잎을 우려 낸 뒤 찻잎을 걸러 낸다. 그 티와 대추, 중탄산소다를 대접에 넣어 섞은 뒤 5분 동안 내버려 둔다. 반죽용 대접에 옮긴 뒤 버터와 갈색 설탕을 더하여 잘 섞는다.
3. 여기에(2) 달걀과 밀가루를 더하여 골고루 반죽한다. 기름을 두른 머핀 굽는 틀의 홀에 반죽을 붓고 30~35분 동안 가열하면서 한가운데에 꽂은 꼬챙이가 깔끔하게 빠져나올 때까지 굽는다. 틀을 10분 정도 식힌 뒤 개개인의 접시로 옮긴다.
4. 한편 토피 소스를 만들기 위해 중간 정도의 불에 올린 냄비에 버터, 액상 크림, 갈색 설탕을 넣고 버터가 녹을 때까지 휘젓는다. 약간 걸쭉해질 때까지 5분 동안 끓인다. 이 소스를 숟가락으로 떠서 푸딩 위로 붓고 곁들이용의 걸쭉한 크림과 함께 낸다.

티 인퓨즈드 무스
Tea-infused mousse

by 멜라니 퍼키(*Melanie Puckey*)

차이와 화이트초콜릿으로 만드는 것과 같은 방식으로 얼 그레이와 다크초콜릿으로 만들면 된다. 이렇게 짝지어진 것을 무스로 만들어 먹으면 그 맛이 더할 나위 없다!

 10인분

- 찻잎(다크초콜릿 무스에는 얼 그레이, 화이트초콜릿 무스에는 차이) 1티스푼(수북하게)
- 끓는 물 100mL
- 정제당 ½컵(110g)
- 다진 오렌지 껍질 2티스푼
- 고급 초콜릿(다크, 밀크나 화이트) 조각
- 달걀흰자(분리된 것) 6개
- 소금 1자밤
- 생크림 또는 이탈리아 치즈 마스카르포네(mascarpone)(곁들이용)
- 거칠게 간 오렌지 껍질이나 시나몬 조각(고명용)/선택

1. 끓는 물에 찻잎을 4분 동안 우린다. 여기에 정제당과 오렌지 껍질을 넣고 정제당이 녹을 때까지 휘젓는다.
2. 냄비에서 살짝 끓는 물 위에 방열 대접을 놓고 초콜릿을 넣는다. 초콜릿이 다 녹을 때까지 저은 뒤 들어내서 약간 식힌다.
3. 달걀흰자와 소금을 믹서기에 넣고 거품이 최고점에 이를 때까지 5~10분 동안 휘저어 준다. 그리고 큰 대접으로 옮긴다.
4. 티 혼합물(1)을 초콜릿(2)에 넣고 저은 뒤 달걀노른자를 넣고 10초 동안 섞는다. 주걱을 사용해 이 혼합물을 달걀흰자 혼합물(3) 속에 넣어 섞는다.
5. 이렇게 만든 무스(4)를 10개의 대접이나 큰 대접 하나에 넣고 굳을 때까지 3~4시간 냉장한다. 무스는 원한다면 하루 전에 미리 만들어 놓을 수 있다. 고명으로는 오렌지 껍질(얼 그레이 무스의 경우)이나 시나몬(차이 무스의 경우)을 얹어 생크림이나 마스카르포네와 함께 낸다.

브릭 레인 차이
Brick lane chai

by 존 톰슨*(John Thompson)*

이 큰 머그잔에 들어 있는 맛도 훌륭한 음료는 런던의 오래된 거리를 연상시킨다. 그곳은 단것과 향신료의 메카이다.

 1L분

- 차이 믹스 1테이블스푼
- 토스티 누가(Toasty Nougat) 믹스 1테이블스푼
- 코코아 로코(Cocoa Loco) 믹스 2티스푼
- 시크릿 스파이시스(Secret Spices) 믹스 1티스푼
- 벌꿀 1티스푼
- 끓는 물 2컵(500mL)
- 바닐라 두유 뜨거운 것 2컵(500mL)
- 초콜릿 가루(고명용)

1. 용량 1L들이 찻주전자의 인퓨저 바스켓 속에 모든 종류의 티와 꿀을 넣는다. 이를 끓는 물이 든 찻주전자에 넣고 5분 동안 우린다. 그 뒤 찻주전자에서 인퓨저를 제거하고 찻잎을 버린다.
2. 두유를 찻주전자(1)에 더한 뒤 잘 섞고 머그잔에 붓는다. 여기에 초콜릿 가루를 고명으로 얹어 낸다.

파미그래닛 선라이즈
Pomegranate Sunrise

by 존 톰슨*(John Thompson)*

우리를 열대 지방으로 휴가를 보내고 훌라춤을 추게 만드는 강렬히 붉은 색채의 음료이다.

 2L분

- 끓는 물 700mL
- 벌꿀 1테이블스푼
- 라임 1개의 즙
- 펌핑 파미그래닛 믹스 2테이블스푼
- 서던 선라이즈 믹스 2테이블스푼
- 각얼음
- 얇은 라임 조각(고명용)

1 냉각시킨 2L들이 찻주전자에 끓는 물을 따른다. 여기에 꿀과 라임즙을 넣고 꿀이 녹을 때까지 휘젓는다.
2 티 믹스들을 모두 인퓨저에 넣고 뚜껑에 부착한 뒤 찻주전자(1)에 담가 5분 동안 우린다. 인퓨저를 제거하고 찻잎을 버린다. 찻주전자에 얼음을 채운 뒤 라임 조각을 고명으로 얹어 낸다.

PART 4
티와 공감

T2와 함께하는 생활

가끔 사람들은 T2에는 독특한 문화가 있다고들 한다. 그 문화는 바로 사물을 다르게 만들려는 욕심의 일부인 것이다. 즉 티를 젊고 현대적이며 신나는 것으로 만들어 세계를 뒤흔들려는 욕심이다. 이는 절대로 돈을 바라고 그러는 것이 아니다.

우리가 하는 것이라고는 오직 '경험', '팀', '티', '고객' 등에 대하여 노력하는 것이다. 판매에만 집착하는 것이 아니라 T2를 좋아하는 티 세대를 더욱더 성장시키기를 원한다. T2는 모든 것이 정열의 산물이다. 그 정열이 바로 우리의 원동력이다.

우리는 T2 사업을 시작했을 때 티의 범주를 재발명하고자 했다. 그와 똑같은 방식으로 지금은 자신들이 종사하는 분야에서 정형을 부순 협력자들을 찾는다. 이는 전적으로 자발적인 과정이다. 디자인에 관하여 이야기하거나 잡지를 뒤적거리다가 갑자기 신나고 영감을 불러일으키는 누군가와 마주치기도 할 것이다. 열정적인 사람들을 초대해, 티에 대하여 그들이 무엇을 좋아하는지 이야기를 듣고 그것을 우리의 경험으로 녹여 낸다.

그 같은 협업의 하나는 호주의 저명한 패션 디자이너인 아키라 이소가와(Akira Isogawa)와 함께 이루어졌다. 일본 출신인 그의 디자인에는 일본인의 미의식이 반영되어 있다. 우리가 아키라에게 티 세트를 만들어 달라고 초대하였을 때, 그는 일본의 가족을 방문하기 위해 교토로 출발하려던 상황이었다. 그는 호주로 돌아와 아름다운 일본식 포트, 고전적인 일본 티, 마음에 드는 기모노 등을 선물로 가져왔다. 이는 우리가 T2의 세계에 아키라의 요소를 만들어 내기에 충분한 것이었다.

최근에는 다재다능한 여성 도예가인 서맨사 로빈슨(Samantha Robinson)과 함께 작업한 적도 있다. 그녀의 작품은 아름다울 뿐만 아니라 정교한 장식 무늬가 특징이다. 서맨사는 열정적으로 작업하기 때문에 작품에는 그녀의 손길이 담겨 있다. 우리는 그녀의 도자기를 발견한 뒤 전화를 걸었고, 그녀는 우리 사무실을 방문하였다. 당장 우리는 서로 좋아하게 되었다.

서맨사는 T2 브랜드를 보완해 주기 위하여 새로운 형태와 무늬를 창안하기 시작하였다. 그녀는 표본 범위(sample range)에 대한 의견을 제시하였고, 그 선정을 끝낸 뒤 함께 제작한 로고를 사용하여 샘플을 만들기 시작하였다. 서맨사가 디자인한 표본들은 모두 수공예품이며 손으로 채색된 것이다. 그리고 전 세계의 T2 고객이 그녀의 컬렉션에 호의적인 반응을 보였다.

성공적이었던 또 하나의 협업은 명성이 자자한 도자기 공방인 이기 앤드 루 루(Iggy & Lou Lou)와 함께 이루어졌다. 그 공방은 번호가 매겨진 수공예품을 한정판으로 제작, 판매하는 것으로 유명하다. 그러한 제품의 독특한 개성이 T2의 현대적인 티 용구들을 빛내 주고 있다.

코트니 기브스 (Courtney Gibbs) / 건축가

코트니는 우리에게 완벽하게 우려낸 교쿠로 한 잔을 연상시킨다. 마치 교쿠로가 고상하고 복합적인 향미로 우리 일과의 마감에 생기를 다시 불어넣고 위대함으로 고취시키듯이…

행복이란?
이탈리아의 어딘가에서 친구들과 함께 따스한 햇빛과 맑은 공기를 즐기는 것이다.

좋아하는 행선지는?
일본, 특히 건축가 니시자와 류에(西沢立衛)가 디자인한 테시마미술관(豊島美術館)이다.

가장 큰 영감의 원천은?
모더니즘, 원자재, 자연, 리나 보 바르디 (Lina Bo Bardi, 1914~1992) (이탈리아 태생 브라질의 여성 건축가), 구글 이미지 검색, 위인들이다.

코트니가 마시는 티는……
아침에는 멜버른 브렉퍼스트, 밤에는 리커리스 레그스, 그리고 주말에는 루비 레드 로즈힙을 즐긴다.

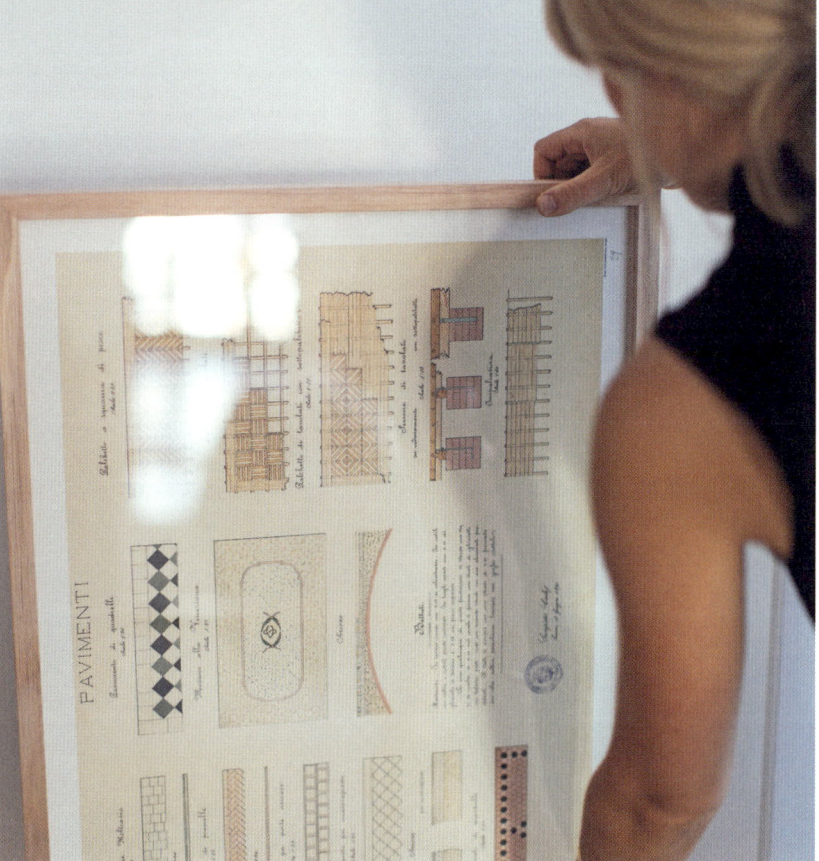

시어 해싯(Theo Hassett) / 제화공

티와 가죽이 공통적으로 타닌을 함유하는 것과 마찬가지로, T2와 시어는 큰 머그잔으로 멜버른 브렉퍼스트를 마시는 것(그리고 예쁜 구두)을 공통적으로 좋아한다.

좋아하는 행선지는?
무더운 날에는 물이 있는 곳이다.

가진 것 가운데 가장 소중한 것?
온갖 잡동사니들 모두이다.

주말은 어떻게 보내나?
다양한 방식으로 지낸다.

시어가 마시는 티는……
저패니즈 지엠시 센차이다.

크리스 오드로워즈
(Chris Odrowaz)
/ 바리스타

크리스는 '맛이 죽여 주는' 차이를 끓여 낸다. 그 맛이 얼마나 훌륭한지 T2에서 주최한 2014년 차이 챔피언십에서 우승자가 되어 인도에서 티에 대한 문화를 견학하고 돌아왔다.

가장 기억에 남는 휴가는?
2013년 베트남에 갔다가 오토바이를 구입해 남쪽에서 중국 국경에까지 이르렀던 것이다.

행복이란?
그저 친구, 가족, 음식들이다.

아침에 하는 일?
아침을 든든히 먹는 것으로 하루를 시작한다.

크리스가 마시는 티는……
우롱차와 차이이다.

올리비아 넬슨 (Olivia Nelson) / T2 티 용품 바이어

올리비아는
좋은 컵과 컵 받침을 알아본다.
그래서 전 세계를 여행하면서
티의 맛을 살리는 기이하고도
멋진 보물들을 가지고 돌아온다.

좋아하는 행선지는?
베를린이다.

영감을 얻는 가장 큰 원천은?
직물 등 생활과 관련된
예술이다.

소유물 가운데 가장 소중한 것?
추억. 물질적인 소유물은
없다시피 하다.

올리비아가 마시는 티는……
루비 레드 로즈힙과
레몬그라스 앤드 진저를
즐긴다.

서맨사 로빈슨 (Samantha Robinson) / 도예가

서맨사가 만든 티 웨어는 날마다 티를 우리는 순간을 음미할 가치가 있는 음료로 만들어 준다. 그리고 일상의 아름다움을 찾도록 상기시킨다.

날마다 즐기는 것은?
초콜릿, 좋은 음악이다.

행복이란?
여름, 햇빛, 바다에서 아이들과 수영하는 것, 나비, 장미 등이다.

영감을 얻는 가장 큰 원천은?
꽃, 직물, 자연, 하루의 일상이다.

서맨사가 마시는 것……
루비 레드 로즈힙, 화이트 로즈, 교쿠로 등이다.

크리스티나 카를손 (Kristina Karlsson) / kikki.K 창립자

크리스티나는 어느 모로 보나 스칸디나비아의 꿈이다. 우리가 그녀와 함께 만드는 스웨디시 쇠데르(Swedish Söder) 역시 마찬가지다. 그녀의 집은 깨끗한 직선과 누구나 부러워할 만한 체계가 갖추어지고, 미니멀리즘이 구사된 휴식처라 할 수 있다.

좋아하는 행선지는?
스웨덴의 팔켄베리(Falkenberg)에 있는 우리 집이다. 그곳은 우리에게 '가족이 모두 행복한' 그런 곳이다.

인생의 좌우명이라면?
사소한 것을 즐겨라. 언젠가는 그들이 큰 것이 될 것이기 때문이다.

영감의 가장 큰 원천은?
여행, 독서, 음식, 레스토랑, 술집, 예술, 쇼핑, 사진이다.

크리스티나가 마시는 티……
매일 아침 집에서 T2의 얼 그레이를 마시고 여행할 때도 조금 가져간다.

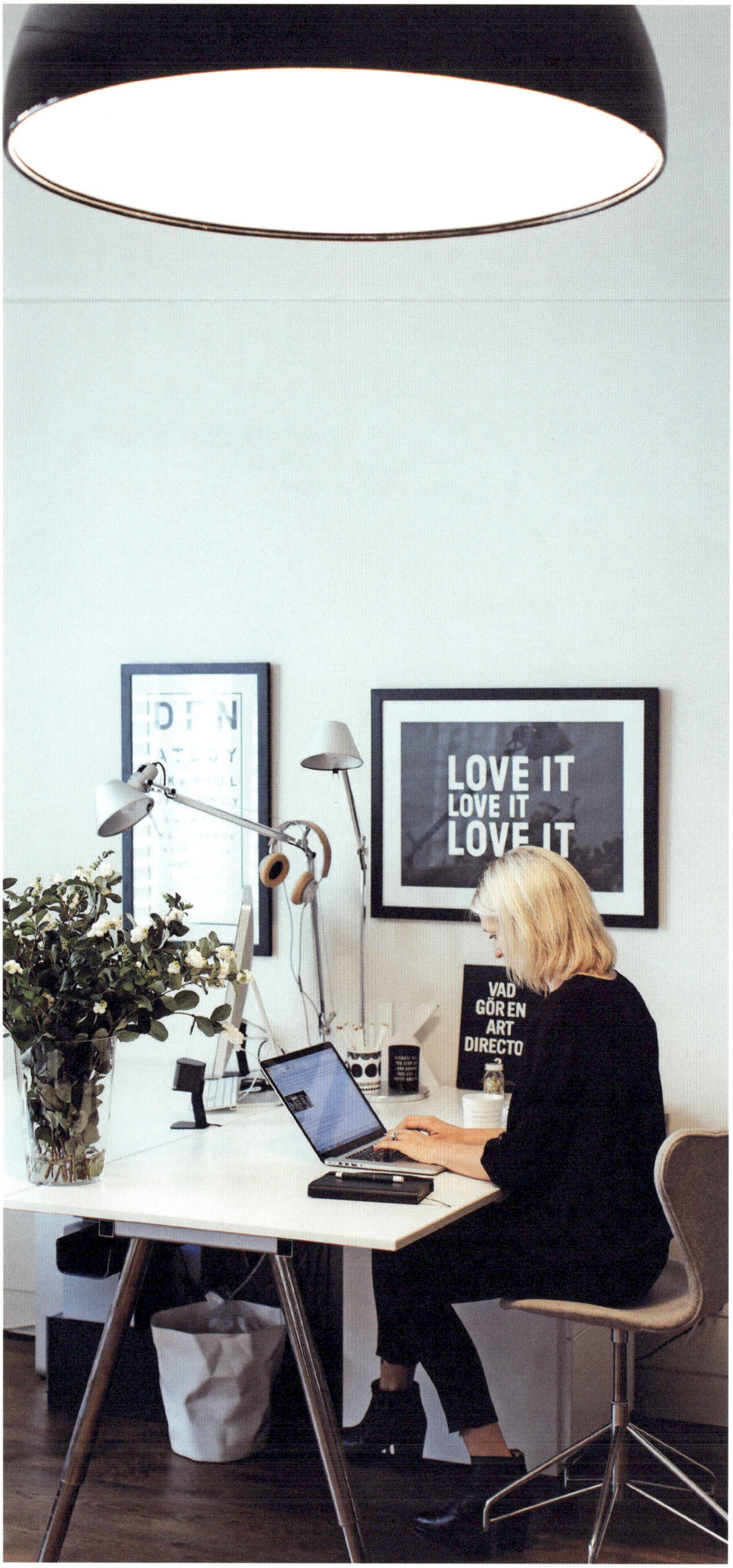
LOVE IT
LOVE IT
LOVE IT
VAD
GÖR EN
ART
DIRECTO

LOVE IT
LOVE IT
LOVE IT
VAD
GÖR EN
ART
DIRECTOR

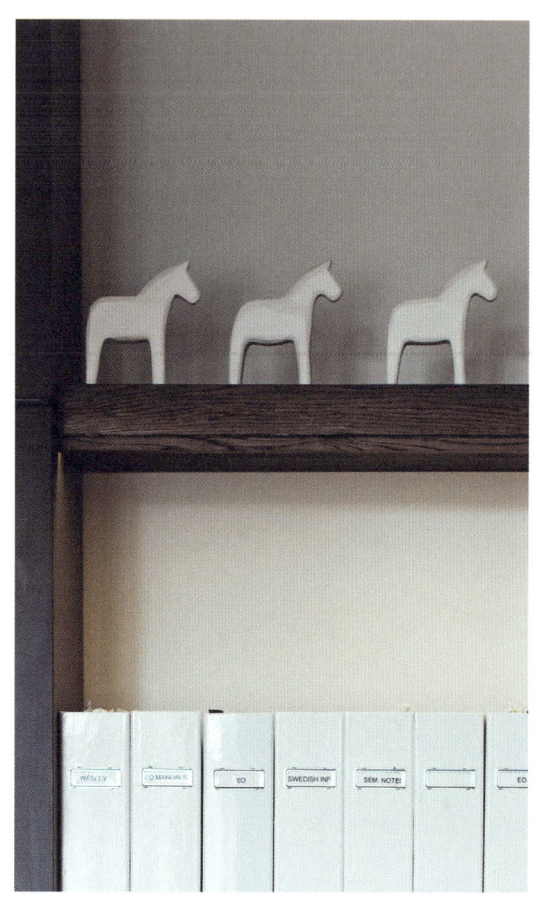

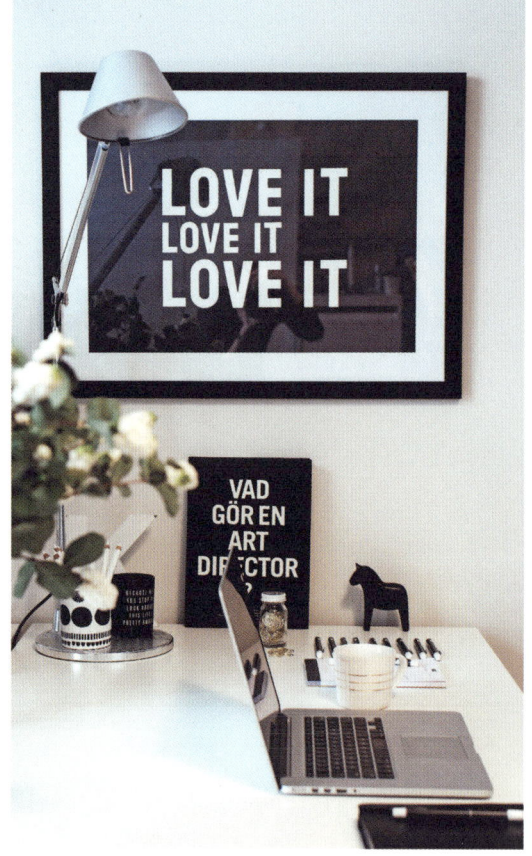

이기 앤드 루 루
(Iggy & Lou Lou)
/ 도예가

이기 앤드 루 루의 이렌(Irene),
피터 셀저(Peter Selzer)의 부부와 함께
티 웨어를 이야기하면 가슴이 파닥거린다.
우리는 로맨틱한 것, 기발한 것, 희귀한 것,
영원히 간직하고 싶은 것들 사이의 어딘가에서
길을 잃은 듯한 느낌이 든다.

영감의 가장 큰 원천은?
인생 전부이다. 어느 한 측면이라 할 수 없다.

행복이란?
일을 하는 것, 또는
전혀 아무것도 하지 않는 것이다.

아침에 하는 일은?
자식이 둘이 있어 그들을 보살피는 것이
우리의 아침 일과다!

이렌과 피터가 마시는 티는……
초콜릿 민트 티를 마신다.
우리는 창틀 위에서 박하를 재배해
그것으로 티를 만든다.

이비 오
(Evi O.)
/ 북 디자이너

이비는 이 책을 만드는 여행에서
우리의 여행 가이드이면서
친구였다. 그녀 없이 그 여행을
나섰다면 화이트 로즈 한 잔을
마시지 않고 하루를 맞이하는 것
(끔찍한 상황)과 같았을 것이다.

좋아하는 행선지는?
뉴욕이다.

좋아하는 책은?
무라카미 하루키가
쓴 것이라면 무엇이든.

꿈 같은 프로젝트라면?
내가 숭배하는 사람들과
관련된 것이다.

이비가 마시는 티는……
화이트 로즈,
파이 무 탄(백모단),
교쿠로이다.

틴과 에드 (Tin & Ed) / 크리에이티브 디렉터 및 화가

실험은 T2에서도 매우 귀중하게 생각하는 것이다. 이는 틴과 에드가 우리에게 색깔을 입히고 싶도록 만드는 작업(정말 대단하다!)을 할 때와 비슷한 호기심과 유희 정신이다.

꿈 같은 프로젝트는?
NASA나 데이비드 애튼버러(David Attenborough)와 같이 활동하는 것. 또한 우리가 먹거나 마시는 것에 관계된 프로젝트라면 무엇이나 모두이다.

스트레스를 해소하는 방법은?
자연을 찾는다.

가장 좋았던 하루는?
바위에서 생굴을 찾아내고 따자마자 먹었던 바로 그날이다.

틴과 에드가 마시는 티는……
부다스 티어스, 실버 니들스이다.

PART 5
T2 이야기

T2는 모든 티 애호가가 함께 모이는 곳이다.
- 하이메 아일랜드(Jaime Ireland)

놀이터, 티의 창조성으로
경계를 무너뜨리는 혁신과 실험의 허브이다.
- 히스 배릿(Heath Barrett)

T2는 무

T2는 티가 가지는 '구세계의 매력'을
현대의 생활 방식에 통합하고 있다.
- 제시카 테이트(Jessica Tate)

J2는 소녀이다. 그녀는 역동적이고 과감하며 활기 있고
열정적이며 절충적이다. 그녀는 또한 미묘하고 사색적이며 민감하다……
무엇보다 그녀는 즐겁다!
- 케이트 유스(Kate Ues)

내게 T2는 가정이다. T2가 성장하고 발전하는 동안
나도 기쁘게 그럴 수 있었던 것은 믿을 수 없을 만큼
독특한 경험이었다. 시간이 지남에 따라 이름과 얼굴은
바뀌었을지 모르지만 항상 하나의 상수가 있었다.
티를 끓이면 누구나 당신과 함께 티를 마시면서
이야기를 나누고 웃거나 눈물을 흘릴 것이다.

- 스콧 유니시츠(Scott Yunisch)

가족!
- 커스틴 시어러

엇인가?

T2는 인생과 예술이 한데 결합된 곳이다.
T2는 티, 새로운 것과 낡은 것에 대한 오마주이다.
T2는 가정이며, 논의하고 맛을 음미하는 곳이다.

- 메러디스 오닐(Meredith O'Neil)

오래된 전통의 새로운 가능성에 대해 열린 마음을 가진 사람들의 공동체. 혁신가.
모든 형식과 기회를 가진 새로운 티의 세계로 들어서는 관문이다.

- 닉 베킷(Nick Beckett)

T2의 체험

T2는 '연기자'이다. 우리 점포들은 일종의 '무대'이며, 그 무대에 있는 것은 모두 고객을 흥분시키고 황홀하게 만들기 위한 것들이다.

티를 마시는 일은 대체로 오랜 역사와 고대의 전통 때문인지 매우 진지하게 이루어진다. T2의 목표는 수천 년 동안 확립되어 온 티를 마시는 정형적인 방식을 깨부수고 세상의 티에 대한 사고방식을 재발명하는 것이다.

우리는 티가 자연적이며 기쁨을 주고 맛이 좋다고 믿으며, 그것을 축하하고 싶다. 우리에게는 오직 하나의 규칙이 있는데, 그것은 하루의 어느 때라도 가장 맛있는 티를 찾아낸다는 것이다.

우리는 사람들을 환영하고 포용하며 극장과도 같은 분위기를 띠도록 점포들을 꾸민다. 그리고 고객이 점포에 있을 때 그가 떠나기를 바라지 않는다. 그가 돈을 지출하기를 원해서가 아니라 티를 맛보는 것에서부터 티 이야기와 티의 지식 등 그와 함께 나눌 만한 것이 아주 많이 있기 때문이다. 고객 한 사람이 우리 점포에 들어섰다면 그가 다시 티와 사랑에 빠질 만큼 오래 흥미를 느끼도록 하는 일은 우리 팀에게 달려 있다. 우리가 해야 할 일은 고객을 거리나 쇼핑몰로부터 점포로 끌어들이는 것이다.

우리는 해마다 12개월의 체험 달력(우리의 공연 일정이라 해도 좋다)을 만든다. T2는 6주마다 창가의 진열, 시음, 티의 구색, 음악, 직원 유니폼 등을 포함한 모든 것이 바뀌는 새로운 체험으로 스스로 변신한다. 이미 많은 사람이 알다시피, 대부분의 경우에 티는 슈퍼마켓과 같은 정적인 환경에서 구입된다. T2의 많은 부분이 여전히 똑같다. 예컨대 점포에 들어서는 고객은 언제나 정확히 같은 곳에서 잉글리시 브렉퍼스트를 발견하게 된다. 하지만 약 20퍼센트의 티가 바뀐다. 연극을 보는 듯한 기분과 관심을 불러일으키는 데에도 도움이 되는 것은 바로 그 변화이다.

우리의 팀은 'T2 티 세대'로서 그들 자신이 생각하는 티를 고객에게 전한다. 그들의 나이는 상관없지만, 마음이 젊어야 하는 것이 필수적이다. 중요한 것은 바로 임하는 자세이다. 그들은 자신이 행하는 일에 열정을 가져야 한다. 우리는 실험적이면서도 장난스럽고, 자신과 다른 사람들이 하는 일에 대한 존중을 유지하면서 규칙을 깨뜨릴 줄도 아는 사람들을 찾고 있다. ■

검은색은 우리가 하는
모든 일의 배경이다.
검은색은 우리를 단결시키고,
사람과 체험이야말로
최고임을 보증한다.

초기의 포장재에는 창의적인 실마리가 없었다.
그냥 매우 실험적이었다. 어느 형태로든 패키지의 원칙을
만들어 내기까지 약 5년이 걸렸지만, 시행착오를 거듭하면서
T2 브랜드에 효과적인 것이 무엇인지 알아낸 소중한 세월이었다.

멜버른
시드니
런던
뉴욕
다음은 어디일까?

T2 고객이 방문해 쇼핑을 하거나
그저 머물기 좋아하는 곳이라면
어디든 우리가 있어야 할 곳이다.

T2 사운드트랙 (1996-2015)

우리의 결정적인 순간들에는 종종 여러 주 동안 매우 크게, 그리고 반복적으로 틀어 댄 노래가 있다.

2015 Romanticise - Chela
2014 Swingin Party - Kindness
2013 Wasting My Young Years - London Grammar
2012 Angels - The XX
2011 The Wilhelm Scream - James Blake
2010 Crave You - Flight Facilities
2009 Love Lost - The Temper Trap
2008 Skinny Love - Bon Iver
2007 Samson - Regina Spektor
2006 Hearts a Mess - Gotye
2005 Fix You - Coldplay
2004 Ten Days - Missy Higgins
2003 Relapse - Little Birdy
2002 You Give Me Something - Jamiroquai
2001 My Friend - Groove Armada
2000 Rome Wasn't Built in a Day - Morcheeba
1999 I Try - Macy Gray
1998 Teardrop - Massive Attack
1997 Over - Portishead
1996 Wrong - Everything But The Girl

T2 본사

모든 유통업체의 배경에는 항상 많은 지원 집단이 있어 바퀴가 끊임없이 돌듯이 굴러가게 한다. T2도 마찬가지이다. 우리는 멜버른의 콜링우드(Collingwood) 건물을 팀원들이 매일같이 만나는 본사로 삼았다.

건물을 설계하는 동안에 우리는 그 공간이 매우 안락하고 편안해야 한다고 생각하였다. 누구라도 들어올 때 티가 끓고 있으며, 티를 끓이는 사람에게는 미소가 있어야 하는 것이 중요하였다. 그는 담소를 나눌 수 있으며, 또한 옳은 방향을 가리킬 수 있는 사람이어야 했다.

우리는 본사 건물을 운용하기 위해 공간을 '좌뇌(판매 지원)'와 '우뇌(고객 응대)'로 나누었다. 창조적인 팀과 제품 개발팀은 별동에 자리를 잡고 있다. 그들은 더 오랜 시간 일하고, 사업 운용과는 거의 관계가 없기 때문이다.

우리는 그곳에서 몸을 숨기거나 정신을 집중하면서 함께 시간을 보낼 수 있었기 때문에 그곳을 좋아한다.

T2 본사의 실내 중앙부는 대부분의 사람들이 '리셉션'이라 부르는 곳이다. 이곳은 고객이 우리의 세계로 들어올 때 그들을 환영하면서 맞이하는 곳이다. 우리는 그들에게 티를 낸 뒤 찾아온 사람들과 만나도록 도와준다.

우리는 사람들의 생각과는 달리
티를 마시는 것보다는 티의 테이스팅을 주로 진행한다.
그 과정에서 항상 훌륭하고도 고전적인
티를 찾아내려고 하며, 그들 사이의 미묘한 차이를 즐긴다.
우리는 바나나, 당근, 비트 뿌리 등과 같은 재료를 사용해
엉뚱한 블렌딩의 티를 만들어 내는 것도 좋아한다.
한마디로 매우 진지한 티와 매우 재미있는
티 사이를 끊임없이 오가는 것이다.

우리의 티룸은 티에 대한 실험을 진행하면서 장난을 치는 곳이다. 그리고 무엇이든 해볼 수 있는 공간이기도 하다.

T2 본사 실내의 중앙부에는 티를 넣은 커다란 검은색 캔들이 진열되어 있다. 이 캔에 든 것들은 우리가 사랑하는 티로서 결코 유행에 뒤지지 않을 것이다. 그런데 우리가 그것들을 단순히 '기호품'이라 부르지 않는 것도 주목할 부분이다.

T2의 훌륭한 영감
(끊임없는 재발명)

T2에서는 영감을 찾지 않는다. 그것은 사실 그냥 생길 뿐이다.
우리가 내거는 표어는 '끊임없는 재발명'이다.
우리는 훌륭한 영감을 얻기 위해 세상에 대해 생각하지 않는다.
단지 일반적인 세상에 대해 생각할 뿐이다.
미술과 음악도 우리가 하는 일에 매우 큰 몫을 차지하고 있다.

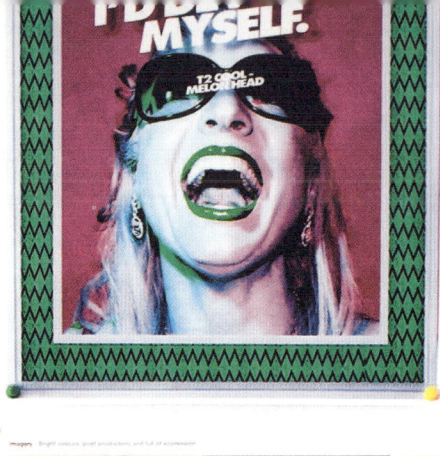

FUN
DIFFERENT
COMICAL
INTERESTING
COLOURFUL
QUIRKY

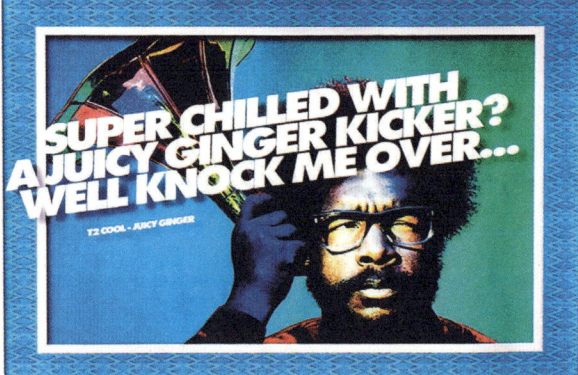

이것은 우리의 '얼음넣기(Iced)' 캠페인에 사용된 사진의 하나이다. 왼쪽 페이지는 이 캠페인을 위해 설치된 '무드보드(moodboard)' (일종의 콜라주)이다.

마리 앙투아네트 티 세트 작품인
「마리는 티를 좋아해」에 대한
훌륭한 영감이 되었다.
정말 재미있었다!

우리는 온갖 것으로부터 영감을 얻는다.
한 여직원이 꼼데가르송(Comme des Garçon)의
신상품 지갑을 꺼냈을 때 그것이 마음에 들었다.
그래서 이 티 세트와 패키지가 탄생했다.

PART 5. T2 이야기

"The combined tastes of sour apples and tropical fruits are as crazy as Kid Creole and the Coconuts!"

"A hint of mango and a dash of rose dance together with perfect rhythm"

passionately playful and s pretty as punch"

Sleek
Dramatic
Rich
Emotive
Tastful
Seductive
Sexy
Clever

I think we're going to have to be secretly in love with each other and leave it at that.

Hang out and fall in love.

What we imagine may be very beautiful, but nothing replaces reality.

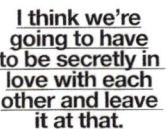 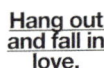 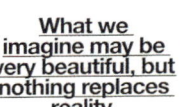  

T2 INTERVIEW.

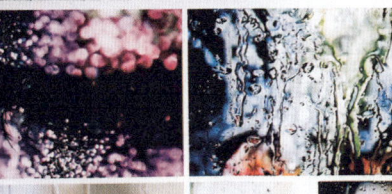

TRANSIENT ISCHAEMIC ATTACK PAINTING LONDON 1 (TIAPL1): THERE ARE NO FEMALE LEPRECHAUNS; WHICH WAY DOES A COMPASS POINT IN SPACE? FLY SPRAY

이 캠페인은 모두 '정열'에 관한 것이었다.
그때의 무드보드(왼쪽 페이지)에서
볼 수 있는 것과 같은 무더운 여름밤,
해변에서의 춤, 짙은 색깔 등이다.

T2 세대

약 20여 년 전 T2가 단지 하나의 아이디어에 지나지 않은 상태였을 때 그것을 실현하기 위하여 고군분투하고 있을 당시, 우리는 어떤 찻잎을 사용하고, 어떤 패키지를 만들 것인지 등에 대하여 고심하였다. 그러나 결코 미래가 '사람들', '팀', '고객', '공급업체'…… 등에 달려 있으리라고는 전혀 알지 못하였다.

사실 우리 브랜드를 아주 약간만 접한 '사람'조차도 티를 마시는 이 놀라운 신세대를 구성하는 데 중요한 일원이 되었다. 'T2 세대'라는 말은 실은 우리와 마찬가지로 티에 헌신하였던 전 세계의 수천에 달하는 사람들을 가리킬 때 사용하는 말이다. 티에 대한 우리의 태도는 기존과 사뭇 다르다. 우리는 티의 전통을 매우 존중하지만, 젊은 세대를 이끌어들이기 위해서는 티가 재발명될 필요가 있다고 항상 느꼈다.

T2의 개성은 아주 밝고 활력이 강하게 넘친다. 우리는 항상 즐거울 만반의 채비가 되어 있으며, 그 즐거움을 주위 사람들과 나누기를 좋아한다. 우리는 겸손하고 다른 사람들을 존중하지만, 스스로에 대해 이야기하는 것은 좋아하지 않는다. 지금은 이야기꾼인 경향이 있으며, 약 20년 동안이나 지금 하는 일을 해 오고 난 뒤에야 비로소 이제는 함께 나누어야 할 이야기가 많이 생긴 것이다. 그렇지만 T2 제품을 광고하는 것은 결코 아니다. 만약 고객의 기분을 상하게 하면, 그들이 그 말을 퍼뜨리고 다닐 것으로 생각한다. 그래서 이렇게 하는 것이야말로 T2의 사랑을 두루 나누기 위한 진정성 있고 유기적인 방법이라고 느낀다.

직원들은 판매에 대한 교육을 받는 것이 아니다. 대신에 고객에게 정보를 제공하고 융숭하게 응대하라는 교육을 받는다. 직원을 채용하는 과정에서도 반드시 티에 대한 열정이 아니라 인생에 대한 열정을 가진 사람을 찾는다. 놀라고 기뻐하기를 좋아하며, 또한 다른 사람들도 놀라게 하고 기쁘게 만들기를 좋아하는 긍정적이고 낙천적인 사람들을 찾는다. 그들이야말로 자신이 하는 일을 정말 좋아하는 사람들이다.

그 결과 T2의 사람들은 열정적이며 활기가 넘치고 재미를 느낄 준비가 되어 있다. 그들은 언제나 자신의 직무 범위를 넘어 고객을 보살피고 있으며, 그래서 우리는 그들에게 무엇인가를 보상해 주는 것이 중요하다고 느꼈다. 돈이 아니라, 그들이 결코 잊지 못할 어떤 경험을 통하여 그들에게 감사의 뜻을 표하고 싶었다. 그래서 만들어진 것이 'T2 영웅(Heroes)'이라는 프로그램이다. 그것은 6명의 T2 직원이 세계에서 가장 아름답고 이국적인 티의 원산지로 티와 관련된 여행을 떠난다. 모두 돌아와 단결되고 티에 대해 더욱더 정열적으로 일한다. 그 6명을 선발하는 데는 항상 약간의 곤란을 겪는다. T2의 모든 직원이 자신을 영웅이라고 느끼기 때문이다. 하지만 이 프로그램은 우리 직원들이 해마다 정말로 고대하는 것이다. 나는 그들의 이름을 발표하는 것이 무척이나 즐겁다. 그들이 모두 훌륭하기 때문이며, 그렇게 하는 것이 큰 감사의 뜻을 표하는 것이기 때문이다.

T2는 세월이 흐르면서 확대되고 개화되었으며, 이제는 매달 900만 잔에 이르는 티를 판매하고 있다. 하지만 이 모든 것 뒤에는 우리 직원들이 항상 있으며, 우리는 그들에게 내성을 느낀다. T2 세대의 모두에게 감사의 마음을 전한다. ■

오른쪽 사진은 여동생 커스틴과 함께 찍은 것이다. 그녀는 우리의 '고객 제일주의'를 책임지고 진행한다. 그 결과 T2 세대와 같은 독특한 계획이 나왔다.

T2 연대기

2007년
몇 해 동안의 통폐합을 거친 뒤 이 해에 7개의 점포를 개설하여 더욱 튼튼한 사업 모델을 수립.

2002년
거래량이 많이 증가하면서 우리의 꿈을 실현하고, 전국적인 유통업체로 발돋움하기 위해 관리 직원과 조직이 필요한 시기라고 판단.

2001년
시드니에서의 첫 점포를 뉴타운의 킹스트리트에 개설.

1997년
멜버른의 최상급 레스토랑들과 관계를 맺으면서 T2 도매업 개시.

1996년 7월 1일
T2 1호점이 피츠로이의 브런즈윅 거리에 개설.

1999년
T2 3호점을 채드스톤 쇼핑센터에서 개설. 이는 무모한 도전이었지만 큰 성공을 거두어 T2 브랜드가 대중에게 어필할 수 있음을 입증.

1998년
T2 2호점을 피츠로이 거리의 세인트킬다에 개설. 이 점포는 판매 부진으로 12개월 만에 폐점.

2014년
런던에 3개,
뉴욕에 1개 등
이 해에 18개의
새로운 점포를 개설.

2013년
유닐레버가 T2를
인수함으로써 T2는
더욱더 성장해
세계 시장으로
진출할 수 있게 됨.

2013년
뉴질랜드에 처음으로
개점하는 등 T2는
이 해에 13개의
새로운 점포를 개설.

2012년
창립자가 올해의 뵈브 클리코
(Veuve Clicquot) 여성 기업가상
수상. 이 상은 다른 사람에게
동기를 부여하고 영감을
불러일으킬 수 있는 능력인
리더십, 기업가적 열정, 기업의
사회적 책임을 강조한다.

2012년
수년 동안 브랜드 확립과
호주 전역의 점포 개설에
역점을 둔 뒤 열렬한
티 추종자들이 생겨 마침내
'T2 세대'가 탄생. 지금도
나는 여전히 우리 직원들이
고객에게 T2 방식을 좋아하게
만든 것에 경탄한다. 오늘날
60만 회원을 자랑하는
'T2 티협회(Tea Society)'
창립.

2015년 ~
T2는 이제 4개국에 70개 이상의 점포, 역동적인
온라인 점포, 그리고 3000여 곳의 도매상들을
거느리고 있다. T2 티협회 회원이 70만 명이
될 것으로 예상되어 곧 100만 명을 눈앞에
둘 것이다! 또한 사회적으로 많은 추종자가 있으며,
직원은 1000여 명에 이른다.

하루가 끝날 때는 한 잔의 티!

색인

가
가향차 56
건조 과정 26-29, 33
건조 찻잎(정의) 34
건파우더 티(주차) 29
검은색(상징색) 2
공부 방식 91
공예차 50, 61, 72
과일 티잰 54
그레이, 로드 48
기분(티 페어링) 83
기브스, 코트니 134

나
남아프리카 루이보스 티 산지 52
넬슨, 올리비아 139
노트(정의) 34
녹차
　우리기 60-61
　품목 71
　녹차 아이스크림 119
　건강 효능 101
　가공 방식 42
뉴욕 브렉퍼스트 티(조리법) 122
뉴타운 점포 7

다
다르질링 티 17, 29
대만 티 30
더스트 등급 18
도드, 존 30
동인도 회사와 티 독점권 20-21
뒷맛(여운) 34

라
랍상소총 티 에그 115
랍상소총(정산소종) 56
러시아 티 양식 95
레드 티 46
레몬그리스 앤 진저(기당) 66
레시피(티 푸드) 111-128
로빈슨, 서맨사 133, 140-143
로즈 페탈(장미 꽃잎) 56
루이보스
　우리기 61
　품목 72
　가공 과정 52
　루이보스 펌킨 바이트 113
립톤, 토머스 30
링거(정의) 34

마
마우스필(정의) 34
맛차 42, 109
맨필드, 크리스틴 109
모로코 티 양식 95
밀크 티 65

바
백차 38, 60, 71
베닛, 빌 5
베킷, 니컬러스 CFO 8-9
보스턴 티 파티 20-21
뵈브 클리코 여성 기업가상 189
브렉퍼스트 티(가당) 66
브로큰 리프 등급 18
블루밍 티 50
빌더스 티 65

사
산화 25-26, 32
산화 과정 26-29
상급 채엽 18
설탕 66
세인트킬다 점포 6
센노리큐(승려) 91
셀저, 이렌 앤 피터 133, 149
수학 17, 25, 29
스리랑카 다윈 30
시넨시스종 변종(품종) 17
시송반나 29
시어러, 매리언 1, 9
　가족 6-7
　찻주전자 컬렉션 79
시어러, 커스틴 7-9
시음(피츠로이 점포) 5
식품(티 페어링) 82

아
아로마의 정의 34
아사미카 변종(품종), 17, 32
아삼 29
아이스티 66
아편 전쟁 19-20
아프리카 티 31
안경(티 페어링) 87
애나, 베드퍼드 7대 공작부인 94
얼 그레이 홍차 48
엘리엇, 찰스 20
영감 174
오드로워즈, 크리스 138
오라녀-나사우 왕가 18
오렌지 페코 등급 18
오코너, 잰 1-2, 6-7
우롱차
　우리기 60-61
　품목 71
　건강 효능 101
　가공 과정 44
우리기 34
우린 잎(전의) 34
워터 리프 1
위조 과정 26, 33
유념 과정 26, 33
유닐레버의 T2 인수 9
이기 앤드 루 루 133, 149
이비오 150
이소가와 아키라 133
이집트 티 양식 93